Savoir tirer les cartes

SEPHARIAL

SAVOIR TIRER LES CARTES

Toutes les
méthodes des plus simples
aux plus savantes

Flammarion

Titre de l'ouvrage original :
The Art of Card Fortune Telling by "Sepharial"

ISBN 2-08-200139-3

Chapitre Premier

BREF HISTORIQUE

On croit généralement que les cartes furent inventées pour distraire le roi de France Charles VI dans les commencements de sa folie. Pourtant cette légende, comme tant d'autres aussi charmantes, ne repose sur aucune base réelle : les cartes étaient connues bien avant la venue au monde du pauvre monarque.

Il est vrai, cependant, qu'un peintre en miniatures de la Cour, nommé Gringonneur, exécuta quelques cartes, qu'il inventa peut-être et qu'il présenta au roi. Mais, en fait, les cartes viennent de l'Orient et leur existence remonte à des temps très anciens. D'ailleurs les Échecs, depuis longtemps populaires dans le monde entier, viennent aussi d'Orient, où l'on y joue encore au moyen des cartes.

Il paraît évident que les cartes furent introduites en Occident de la même façon et par les mêmes voies que les échecs, c'est-à-dire par les Gitans ou Bohémiens, étrange et indomptable race orientale errante, dont l'origine reste toujours mystérieuse. On comprend aisément que des gens sans domicile fixe et sans nationalité définie, possédant peu de biens personnels et changeant sans cesse d'habitat, aient recherché de préférence pour leur amusement des objets aussi peu volumineux que possible. Le paquet de cartes répond exactement à cette nécessité.

Les Échecs furent le grand jeu de l'Orient, et il convient toujours admirablement à des peuples pour lesquels le Temps demeure sans importance.

Les cartes elles-mêmes ont dû être à l'origine un jeu, mais pour les Gitans elles furent sans doute rapidement utilisées comme moyen de Divination, « pour dire la Bonne Aventure ». Jusqu'à nos jours, elles restent le moyen le plus répandu et le plus populaire de prédire l'avenir.

Sous le nom de Tarocchi, ou Tarots, les cartes divinatoires étaient au nombre de soixante-dix-huit. A l'origine elles n'avaient pas de numérotation, de points comme nous disons maintenant, pour simplifier ; ils furent adoptés en Europe au XIVe siècle. On les utilise encore pour jouer dans certains pays de l'Europe orientale, mais peu à peu s'imposa en Occident le paquet de cartes qui nous est familier, à la fois pour la Divination et pour les Jeux. On dit bien « cartes à jouer », mais la distinction n'est presque pas nécessaire de nos jours, car il n'est pas facile de trouver des Tarots anciens et l'on ne sait pas expressément où les trouver. Il faut remarquer pourtant que l'expression « cartes à jouer » montre bien, qu'à une certaine époque, on séparait nettement les deux usages.

Si nous comparons un paquet de Tarots complet avec un paquet moderne de cartes à jouer, nous découvrirons beaucoup de points de ressemblance, en même temps que la raison des changements opérés par le monde occidental.

Il y a vingt et un Tarots qu'on emploie uniquement pour la Divination ; leurs dessins varient considérablement et ils n'ont probablement jamais eu de signification réelle. En outre, il y eut toujours une lame (1) appelée le Fou qui, pour autant que nous le sachions, n'a jamais changé. Pour les besoins de la Divination elle n'a aucun sens spécial, mais elle sert à renforcer la signification de la lame voisine. Elle devient ainsi très puissante et dominante dans la prédiction de l'avenir, car l'indication soutenue par le Fou est certainement active, elle influence et même supprime toutes les autres.

---

(1) Quand il s'agit des tarots, le mot *carte* est remplacé, dans le vocabulaire divinatoire français, par le mot *lame*. (N. d. T.)

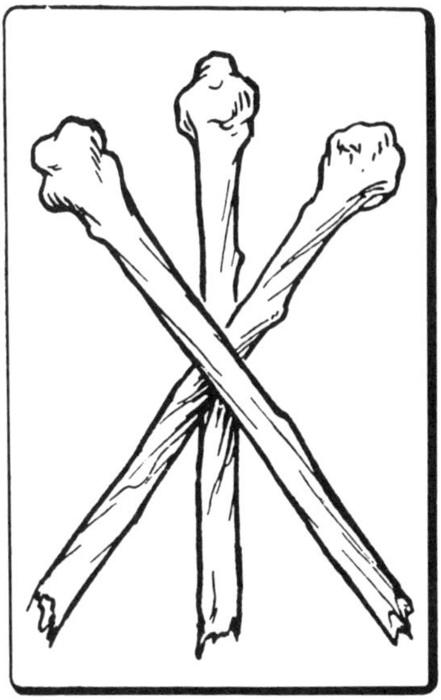

TROIS DE BATONS (Trèfles).

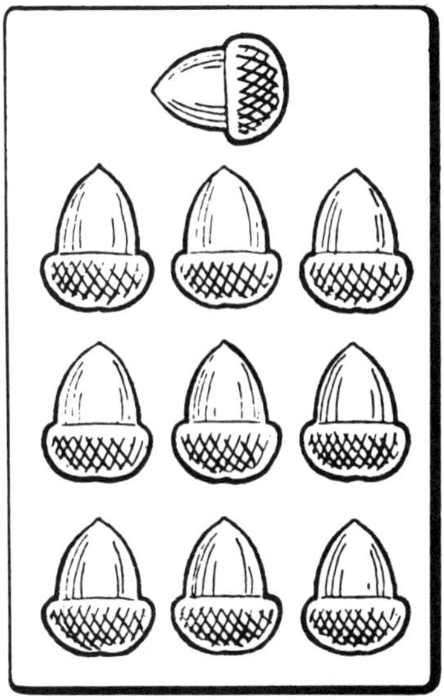

DIX DE GLANDS OU COUPES (Cœurs).

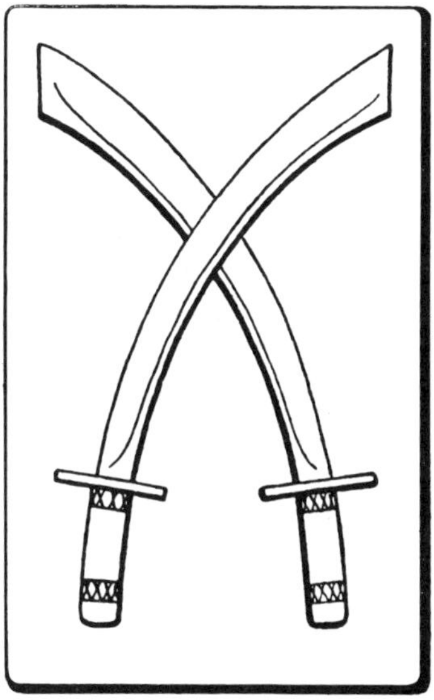

DEUX D'ÉPÉES (Piques).

DIX DE DENIERS (Carreaux).

QUATRE TAROTS.

Associé à une bonne lame, le Fou est assez puissant pour signifier la Victoire sur le malheur : les temps peuvent être difficiles et troublés, vous en sortirez avant longtemps. D'autre part, si le Fou est attaché à une mauvaise lame, tous les signes heureux donnés par les autres lames seront impuissants pour vous sauver des infortunes qui vous menacent, quoique ces signes puissent les atténuer jusqu'à un certain point.

Il est vraiment curieux de constater que, dans certains jeux de cartes, nous trouvons encore ce Fou tout-puissant, qui a l'heureux privilège de surcouper l'as d'atout, quelle que soit la couleur. Cela dit, notons que notre jeu de cartes moderne a entièrement abandonné les vingt-deux lames réservées à la divination dans les Tarots. Ces lames, nous l'avons dit, sont cependant toujours utilisées pour le jeu aussi bien que pour la Divination dans les pays où les Tarots ont conservé la faveur.

Outre ces vingt-deux lames, les Tarots en comportent encore cinquante-six, divisées en quatre séries, comme nos jeux modernes. Mais l'esprit occidental, qui se croit supérieur, a détruit toute la signification originale des Tarots, et y a substitué des Carreaux, des Cœurs, des Trèfles et des Piques, qui n'ont aucun sens, qui sont absurdes.

Dans les Tarots, les quatre séries comportent d'autres emblèmes : le Vase, qui représente la caste sacerdotale en Orient ; l'Épée, qui symbolise le Guerrier ; la Pièce de monnaie, le Marchand ; enfin le Bâton, le Gourdin, désigne l'Ouvrier ou le Cultivateur.

Chacune de ces quatre séries représente une classe sociale, et l'ensemble les réunit toutes. Dans l'Orient d'autrefois, la Caste religieuse gouvernait et choisissait le roi, qui régnait nominalement. Les prêtres étaient parfaitement capables de se « défaire » paisiblement du monarque, s'il ne suivait pas leurs directives.

Les quatre séries des Tarots nous donnent donc les Chefs, les Guerriers, les Marchands et les Cultivateurs.

Comparons maintenant ces symboles pleins de sens avec nos absurdes Cœurs, Trèfles, Carreaux et Piques.

Le Vase ou la Coupe des Tarots est devenu le Cœur : c'est une transformation aisée, car la forme du récipient persiste, mais la base en a été renforcée pour figurer le cœur. Bien que cette série ait signifié à l'origine des personnages ecclésiastiques tout-puissants, elle ne fut jamais considérée comme annonçant la *chance*, au sens moderne du mot. Il est assez curieux d'observer que cette chance a toujours été indiquée par ce que nous appelons Trèfle, qui, dans le thème primitif, représentait le Cultivateur.

Évidemment, une saine philosophie se dégage de ce symbolisme, qui enseignait ainsi indirectement que la réussite des individus dépend de leurs efforts personnels et qu'il ne faut pas compter aveuglément sur la faveur des dieux.

Cette série fut illustrée de façon variée dans le passé : le Bâton est représenté quelquefois comme une branche avec des bourgeons. Il semble probable que notre Trèfle actuel dérive du Trèfle-porte-bonheur, antique superstition universellement répandue. L'image ancienne peut représenter aussi le manche raccourci d'une bêche, que l'on peut interpréter « affaires » ou « travail ». De toute façon, la série de Trèfle est, pour la divination, celle de la chance.

Il est facile de voir comment la Pièce de monnaie, morceau de métal grossièrement découpé en carré, s'est transformée en carreau, avec le sens moderne de richesse. Il est clair aussi que le Pique représente la poignée et la lame de l'épée, l'apanage de la caste guerrière.

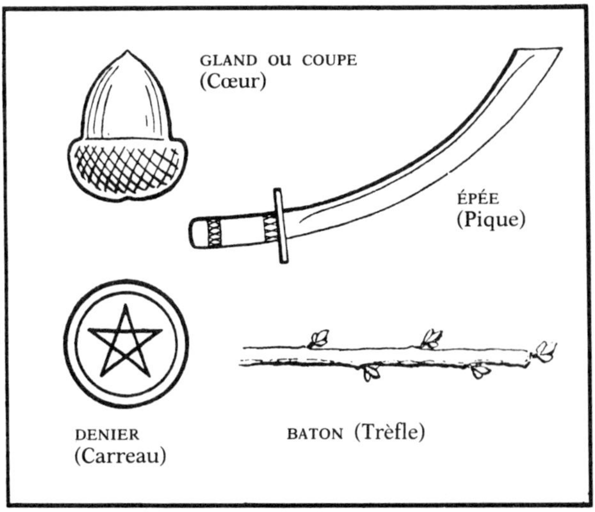

LES SIGNES DES TAROTS.

Il est important de bien connaître ces transformations avant de consulter les cartes, afin de retrouver dans les noms modernes, dépourvus de sens, l'origine de leurs symboles exprimés par les Tarots, ce qui nous aidera à comprendre leur signification.

Dans les anciens Tarots de cinquante-six cartes, ainsi que dans notre paquet moderne de cinquante-deux, nous avons donc quatre séries typiques.

Il est difficile de s'expliquer ce changement de nombre, à moins qu'il ne se rapporte à la superstition du « Treize », nombre fatal dans toute Divination.

Toutefois, la série originale de quatorze cartes n'a pas été modifiée pour les besoins de la Divination, mais pour celle du jeu, ce qui apparaît tellement incompréhensible qu'on est obligé de penser qu'il doit y avoir une autre explication.

Il est important d'observer que la série de Tarots contenait dix lames numérotées, comme dans le jeu moderne, et aussi quatre lames principales, celles de la Cour : Roi, Dame, Chevalier et Valet, expressions naturelles du rang, si nous considérons que le Valet représente l'homme du « peuple ».

Pour une raison inconnue, le Chevalier fut supprimé, mais l'idée des quatre cartes « de Cour » conservée : le simple « Un » de la suite devint supérieur au Roi. Il semble probable que ce fut pour conserver le Fou, qui fait partie des lames majeures des Tarots, lorsque l'on n'utilisait pas les soixantes-dix-huit lames, mais un autre ensemble jumeau avec une Majeure, ou Grand Arcane de vingt-deux lames et une Mineure, ou Petit Arcane de cinquante-six.

Ayant ainsi réduit les Tarots à cinquante-six lames, la perte du Fou fut vite ressentie et la carte la *plus faible* de chaque série fut transformée en une sorte de Fou, local et limité, ayant la capacité du Fou originel de couper le Roi, mais seulement dans sa couleur. Cette introduction superstitieuse de ce qui représentait en fait une cinquième carte de Cour, conduisit à rejeter le Chevalier. Notre curieux jeu de cartes moderne, universellement adopté, comprend, pour chaque série, quatre cartes de Cour et neuf ordinaires, ce qui fait treize cartes !

Cette explication de la réduction de cinquante-huit à cinquante-deux cartes semble être confirmée par l'apparition, plus tard, du jeu de Piquet, fort répandu en France et sur le continent. Le jeu est alors réduit à trente-deux cartes : quatre cartes de Cour et quatre ordinaires dans chaque série. Comme la carte « Un » avait été promue à la position dominante de Fou ou d'As, il était naturel — bien qu'absurdement illogique — de continuer la réduction par ce côté de la série, qui comprend alors les Sept, Huit, Neuf et Dix, plus les quatre cartes de Cour.

Si le paquet de Piquet avait dérivé des Tarots originels de cinquante-six lames, il aurait, sans aucun doute, contenu Un, Deux, Trois, Quatre, Valet, Chevalier, Reine et Roi.

Les quatre séries du jeu de cartes actuel, ainsi que nous l'avons montré, reproduisent donc exactement les quatre cartes primitives : Prêtres ou Hommes d'État, Guerriers ou Commandement militaire, Marchands ou Artisans, Cultivateurs ou Hommes du Peuple. Une forme orientale ancienne du jeu d'Échecs n'était qu'une variation à quatre joueurs alternés, chacun d'eux partenaire de son vis-à-vis, exactement comme dans le Whist ou le Bridge modernes.

Un groupe de partenaires avait les pièces rouges, l'autre les blanches ou *noires* ! Ainsi, venant de l'Orient, et datant à peu près de la même époque, nous avons les quatre séries de Tarots, deux rouges et deux noires.

L'origine orientale commune des Échecs et des Cartes ne semble pas douteuse, et sans doute le Jeu de Cartes et la Divination sont-ils dérivés des Échecs. Rappelons à ce propos qu'une façon peu connue de jouer aux Échecs consiste à mettre au début toutes les pièces hors de l'échiquier, comme sont les cartes dans les mains du joueur. On ne les place sur l'échiquier ou sur la table qu'une à une, au fur et à mesure du tour des joueurs ; elles n'entrent en action qu'une fois placées, comme dans les jeux de cartes.

Dès les premières années du XVe siècle, l'art de la gravure s'étant perfectionné, des cartes imprimées en couleurs remplacèrent les anciennes, peintes à la main. Vers le milieu du même siècle, les symboles que nous connaissons furent pour la première fois appliqués à des cartes françaises, sous le règne de Charles VII.

Trente ans plus tard, nous trouvons de nombreuses références sur les « Échecs et Cartes », ce qui nous montre l'étroite parenté entre ces deux jeux.

Et que dire de ce fait entre tous étonnant dans l'histoire des cartes : l'invention de l'imprimerie par des Allemands servit d'abord à faire des cartes, et non des livres ! L'impression de la Bible en 1455 suivit de près la production des premiers paquets de cartes ! Sur les plus anciennes, mis à part les Tarots, on trouve les Cœurs, les Feuilles (Trèfles), les Glands (Carreaux) et les Cloches (épées ou bêches).

Car cartes imprimées et bon marché devinrent si populaires, que beaucoup d'artistes en composèrent et que, pendant quelque temps, les séries furent représentées de toutes sortes de façons, avant de se fixer dans les séries modernes : de Cœurs, Carreaux, Trèfle et Piques. Il y a eu toutes sortes de figures d'hommes et de femmes, d'animaux divers, d'oiseaux, de poissons et de fleurs. Certaines cartes étaient carrées, d'autres ovales et même rondes. Comme dans les anciens Tarots, chaque carte formait un dessin complet. Les simples points d'aujourd'hui datent du début du XVIe siècle ; ils sont probablement une réaction contre la multitude des dessins indécents, indiscrets, fantaisistes, qui s'étaient répandus partout.

Il est important de rappeler qu'il n'y avait pas de Dame dans le jeu primitif des Tarots, ni dans les Échecs. Le changement apporté est dû sans aucun doute à l'importance que prirent les femmes dans les Cours européennes. La Dame remplaça le Vizir, ou Premier ministre oriental. L'Orient, en effet, n'admettait pas les femmes en public, et d'ailleurs, à l'origine, les Échecs et les Cartes furent des jeux de soldats, qui occupaient ainsi leurs loisirs entre les expéditions guerrières. Le jeu comportait donc le Roi, son Vizir ou Général en chef, ses Chevaliers, ou Combattants, les Valets ou Fils du Roi, des personnages puissants et le peuple. Il exista longtemps une vieille manière orientale de jouer aux Échecs, sur un échiquier de dix cases de chaque côté, exactement comme les dix lames simples des Tarots ou des Cartes que nous connaissons. Il paraît probable que ce jeu de dix pièces, utilisant les pièces ou les cartes supérieures, fut la source originelle de nos Échecs, avec leurs huit pions et leurs huit pièces supérieures, aussi bien que de nos jeux de cartes avec leurs dix cartes ordinaires, leurs trois cartes supérieures distinctes, la double position de l'As en tant qu'As ou Fou.

Nous nous proposons, dans les chapitres suivants, de décrire les meilleures méthodes employées pour obtenir la Divination par le moyen de la Cartomancie. Il ne s'ensuit pas que nous croyions aveuglément à la technique de la Cartomancie, ni en la certitude rigide de notre destinée. En fait, le Fatalisme qui prévaut en Orient détruit toute responsabilité personnelle, toute stimulation, toute ambition, tout effort vers le meilleur. C'est pourquoi l'Orient est demeuré stationnaire dans la voie du progrès depuis tant de siècles.

Cependant, nos vies sont pleines de coïncidences remarquables et inexplicables. Il serait absurde de nier que nous sommes tous, d'une façon importante et permanente, influencés par ce qui nous entoure et les uns par les autres. Les notions générale de l'Hérédité sont comprises et admises, mais personne ne sait jusqu'à quel point nous sommes tributaires de ceux qui nous ont précédés. Il est d'autre part impossible à tout être pensant et raisonnable de nier que le Présent et le Passé doivent influencer le Futur dans une mesure qui reste mystérieuse.

Le trait essentiel de la Cartomancie est le même que celui de plusieurs formes de Divination : la personne dont il faut lire le Futur *doit*, en quelque manière, influencer les choses. Quelques voyants se servent d'un cristal qui a été tenu par les mains du questionneur. Celui-ci communique quelque chose de sa personnalité au cristal, ce qui provoque l'apparition d'images. D'autres se servent d'un objet touchant de près la personne dont le Futur est en question. Évidemment, cette méthode n'est pas tout à fait aussi sûre, car il est pratiquement impossible qu'une chose n'ait été touchée que par la personne en cause. Un gant ou un mouchoir sont souvent employés, mais ces objets doivent transporter bien d'autres influences que celles du possesseur. Une mèche de cheveux semble préférable, mais il peut y avoir l'influence d'un coiffeur, celle d'une servante, etc.

Sur une grande échelle, cette question des influences « mêlées » doit aussi affecter le cristal. C'est pourquoi, après que le questionneur l'a manié, on le voile souvent d'un velours noir. Mais il est évident que cette précaution ne peut avoir un effet complet, car chaque questionneur le touche à son tour et l'impressionne, quoiqu'on ne puisse savoir jusqu'à quel point.

Le meilleur résultat que j'aie constaté, et il était saisissant dans son exacte vérité, fut obtenu avec un cristal vierge, jamais encore utilisé pour la Divination. D'autre part, le résultat le plus ridiculement décevant que j'aie vu, fut obtenu dans une grande réunion de gens intéressés par l'occultisme. L'atmosphère aurait dû être sympathique au maximum, cependant la malheureuse voyante opérant avec un cristal dut avouer qu'elle s'était sentie complètement perdue tout l'après-midi, et qu'elle ne pouvait s'en expliquer la raison. Il semble trop évident que le cristal, lui-même, était brouillé par les influences rapides et continuellement changeantes des questionneurs.

La Cartomancie évite ces écueils, parce que le battage des cartes par le questionneur est le point essentiel du départ, ce n'est pas seulement une prise de contact ou la présentation d'un objet usuel. Cet argument de bon sens, s'il est accepté, la Cartomancie peut se dire à la fois une méthode simple et sûre de Divination.

La Cartomancie offre un autre avantage du plus vif intérêt : les cartes peuvent être données et disposées de très nombreuses manières différentes, et l'on trouve fréquemment des résultats à peu près identiques. J'ai souvent constaté que certain point particulier important est singulièrement renforcé, cependant que des points de moindre intérêt varient plus ou moins.

J'insiste sur le fait que l'on doit s'attendre à ce que ces points mineurs varient, parce que l'influence personnelle du questionneur varie de même d'instant en instant.

Il en est ainsi dans la vie quotidienne, et cela semble être un des traits essentiels de notre existence. Pendant toute une journée, une semaine, peut-être un mois entier, notre pensée principale s'attache à une certaine chose ou à une certaine personne, alors que, dans le même temps, nos pensées secondaires ont trait à quantité d'objets différents.

Éspérer, par conséquent, la répétition par les cartes de certains détails non essentiels est absurde. C'est tout juste si l'on peut raisonnablement escompter la répétition d'un fait dominant, sauf toutefois si le questionneur a suffisamment de volonté pour fixer fermement sa pensée sur ce fait.

Si, pour faire plaisir à un ami simplement curieux, qui n'y attache aucune importance, vous scrutez les cartes ou le cristal, vous pouvez opérer de vingt façons différentes et ne jamais en trouver deux qui s'accordent. Que pouviez-vous attendre d'autre !

Il vous est donc instamment recommandé de vous assurer

que votre consultant est réellement convaincu. Alors, persuadez-le de concentrer sa pensée sur sa préoccupation dominante, quelle qu'elle soit. Vous pouvez, alors, raisonnablement, espérer de bons résultats.

Je vous mets formellement en garde : ne prétendez jamais « prédire l'Avenir », parce que c'est impossible. Pour autant que nous le sachions, il n'y a *pas* de Futur défini, fixé ou rigide. Tout ce que l'on peut faire, c'est de montrer la direction vers laquelle le sujet est entraîné, quelles sont ses chances bonnes ou mauvaises ; si certaines choses désirables ou fâcheuses peuvent se réaliser, il ne faut jamais affirmer que quoi que ce soit arrivera *certainement*.

Le libre arbitre est semblable à la tonique du registre musical, à quoi peut se comparer l'ouvrage de Dame Nature. Chacun de nous est maître de sa Destinée, dans les limites de sa personnalité. Gardez bien cela en tête quand vous lirez les cartes, ne dites jamais qu'une chose *va arriver*, mais qu'elle paraît probable, vu le cours actuel des choses. Par exemple, si l'on signale une indication de maladie, celle-ci peut dans bien des cas être évitée complètement, ou considérablement atténuée, si l'on prend les soins et les précautions nécessaires. Il en va de même dans les rapports avec les gens et dans les affaires, si nous choisissons de lutter contre eux.

L'Avenir est dans les mains de chacun, mais le choix des cartes, correctement interprété, peut servir de prévention contre des dangers, ou de stimulant, d'encouragement à de plus grands efforts, afin d'obtenir le résultat désirable.

Avant de décrire les différentes méthodes de la Cartomancie, je tiens à faire remarquer que l'on n'a pas besoin, au début, d'apprendre par cœur tous les sens des cartes. La manière la plus simple d'opérer est de se servir d'un paquet spécial et de noter sur la face de chaque carte ses significations essentielles et ses combinaisons. Vous éviterez de chercher les références et vous apprendrez rapidement à lire n'importe quel jeu étalé.

Avec raison, on croit qu'il est impossible de se lire les cartes à soi-même. Cela ne doit cependant pas vous empêcher de vous exercer régulièrement. Mêlez et coupez comme si vous étiez étranger à vous-même, posez-vous n'importe quelle question raisonnable et essayez de trouver la réponse que vous donneriez à un étranger dans les mêmes circonstances. La pratique vous viendra rapidement et vous ouvrira les yeux sur les étonnantes combinaisons possibles en Cartomancie. Commencez avec un paquet moderne, ordinaire, de cartes à jouer, puis continuez jusqu'à la complète Divination des Tarots. Un paquet de vrais Tarots coûtant très cher, vous pouvez facilement découper vingt-six lames de la grandeur ordinaire, sur lesquelles vous écrirez les descriptions nécessaires. Pour la Divination des Tarots, vous numéroterez vos lames blanches de un à vingt et un ; puis vous indiquez un Fou et quatre Chevaliers, un pour chaque suite. Ainsi vous obtenez, sans frais, des Tarots avec lesquels vous pouvez amuser et peut-être aider vos amis. Ces lames peuvent être d'ailleurs ornées et coloriées suivant votre fantaisie, à condition que les nombres nécessaires y soient nettement marqués.

Dans les paquets modernes imprimés, il y a beaucoup de répétitions inutiles, mais dans les véritables Tarots, ou dans les Tarots peints à la main, il n'existe pas deux lames semblables. Vous pouvez par exemple, si nous prenons la série des Cœurs, en figurer un dans un angle en haut, ce serait l'As, et vous feriez de même pour les autres lames. Vous pouvez imaginer ce qui vous plaira : une série avec des fleurs, une autre avec des animaux, une troisième avec des costumes, une quatrième avec des oiseaux. Vous pouvez varier vos images, à condition que chaque série présente une direction unique pour toutes les lames.

CHAPITRE II

MÉTHODES DES GRANDS CARTOMANCIENS

Le jeu comprend cinquante-deux cartes : quatre séries de treize cartes. Chaque série comprend : As, Roi, Dame, Valet, Dix, Neuf, Huit, Sept, Six, Cinq, Quatre, Trois et Deux — ou Roi, Dame, Valet, Dix, Neuf, Huit, Sept, Six, Cinq, Quatre, Trois, Deux, Un.

La division du jeu en quatre correspond aux divisions du temps :

1. Carreau.	2. Trèfle.	3. Cœur.	4. Pique.
1. Jeunesse.	2. Virilité.	3. Maturité.	4. Vieillesse.
1. Printemps.	2. Été.	3. Automne.	4. Hiver.
1. Matin.	2. Midi.	3. Soir.	4. Nuit.

Les cinquante-deux cartes correspondent aux cinquante-deux semaines de l'année ; les quatre séries aux quatre saisons de treize semaines. Le Printemps comprend : mars, avril et mai ; l'Été : juin, juillet et août ; l'Automne : septembre, octobre et novembre ; l'Hiver complète le cycle avec décembre, janvier et février.

Ceci ne s'applique qu'au jeu de cartes moderne, car nous savons que les Tarots ont quatorze lames dans chaque série.

Chaque carte prise d'abord en elle-même, puis en relation avec celle qui la précède et celle qui la suit, cela donne pour trois cartes à la fois sept combinaisons possibles. Ainsi $7 \times 52 = 364$, ce qui, si l'on ajoute une unité représentée par le jeu lui-même, donne 365, nombre de jours de l'année. Le paquet de cinquante-deux cartes correspond donc en tout point avec les divisions naturelles du temps.

L'As de chaque série règne sur la première semaine de sa saison : il est suivi par le Roi, la Dame, le Valet, le Dix, etc., jusqu'à la plus faible carte, le Deux.

La valeur et la signification des quatre séries sont, en bref, ceci :

Les Carreaux indiquent la vie en général et, pour cette raison, sont largement dominés par les cartes d'accompagnement.

Les Trèfles indiquent la Puissance, qu'elle vienne de la Richesse, de la Gloire, de la Situation sociale ou de l'Intelligence.

Les Cœurs indiquent l'Amour et ses succédanés : amitié, sympathie, attachement, en même temps que la paix, la tranquillité et tout ce qui accompagne l'Amour.

Les Piques indiquent la Perte, la Privation, les choses arrivées à leur fin dernière. La série est capable de beaucoup de nuances néanmoins et, comme les Carreaux, elle ne s'éclaire que par réfraction à la lumière des autres cartes. C'est pourquoi une série continue de Piques n'émettant aucune lumière est sinistre, et d'aussi mauvais augure que possible.

Tout consultant doit avoir dans le jeu une carte qui le représente. Pour les hommes c'est un Roi, pour les femmes une Dame, déterminés par la couleur de cheveux et le teint du consultant.

Les Carreaux sont réservés aux complexions très claires : yeux bleus ou gris, cheveux très blonds ou roux, et aux personnes grisonnantes ou à cheveux blancs.

Les Cœurs sont pour les blonds plus foncés ou les bruns avec des yeux bleus ou gris.

Les Trèfles indiquent les bruns, yeux et cheveux de type courant.

Les Piques restent pour les gens aux cheveux très foncés, noirs ou aile de corbeau.

N. B. — Un Trèfle, dans le cas d'une veuve ou d'un veuf,

devient un Pique. Un Cœur, dans le même cas, devient un Carreau.

Les garçons et les filles sont indiqués par les Valets des séries, suivant leur couleur, et le sexe par le Roi ou la Dame les plus proches ou les touchant

Les Valets, en général, représentent les employés, les serviteurs, les attachés, les suivants, etc. Ainsi :

Valet de Carreau : un porteur, un facteur, un messager.

Valet de Trèfle : un représentant, un homme d'affaires, un clerc.

Valet de Cœur : un amant, un prétendant, un ami.

Valet de Pique : un homme de science, un médecin, un employé qui peut être celui des pompes funèbres.

Les Cartes de Cour (Rois, Dames et Valets) et tous les nombres pairs sont qualifiés bons ou mauvais d'après les cartes voisines juxtaposées.

Tous les nombres impairs, y compris le Un, sont bons s'ils sont placés dans leur sens et mauvais s'ils sont renversés.

Sauf une ou deux exceptions, les systèmes de Cartomancie utilisés généralement sont ceux que transmirent les Gitans, et ils n'emploient qu'une partie du jeu ordinaire.

Le plus réputé de ces systèmes n'utilise que trente-deux cartes, rejetant les Deux, Trois, Quatre, Cinq et Six de chaque série.

Le tableau des pages 20 et 21 présente la signification et les sens simples des cartes. Leurs sens complexes, quand elles entrent en combinaison avec d'autres cartes, ne peuvent être connus qu'à la longue, par expérience et grâce à l'intuition.

Voyons cependant, pour nous guider, ce que donne le sens simple : le Roi de Trèfle, placé entre le Neuf de Pique et l'As de Pique (renversé), signifie pour le consultant, s'il est représenté par le Roi de Trèfle, qu'il est en danger de mort immédiat ou tout au moins de maladie grave. Si, d'autre part, un As de Carreau et un Dix de Cœur encadrent le Roi de Trèfle, il va se marier et il en est enchanté.

Plusieurs cartes de Cour rassemblées annoncent des réunions, des réjouissances, des fêtes, etc. Avec l'As de Pique, ce sera dans une église, un théâtre, un bâtiment public ; avec l'As de Cœur, ce sera chez le consultant.

Les Rois rassemblés annoncent des affaires ; les Dames, des conversations et des médisances ; les Valets, des

Carreau

Droites		Renversées
Anneau, lettre, billet de banque.	As.	Facture à régler, etc.
Homme blond ou grisonnant, ou veuf.	Roi.	Flatteur, traître.
Veuve, dame de cœur, amie blonde.	Reine.	Jalouse, coquette.
Militaire, fonctionnaire.	Valet.	Homme méchant.
Argent, ville, succès.	Dix.	Voyage, anxiété.
Objets coupants, nouvelles.	Neuf.	Accidents, danger.
Petit voyage route ou rail.	Huit.	Dépit, souci.
Personne jeune, enfant, animal favori.	Sept.	Petit gain.

Trèfle

Droites		Renversées
Succès, bonne chance, papiers.	As.	Lettre retardée, écrits, mauvaises nouvelles.
Homme fidèle, généreux.	Roi.	Malheureux, tourmenté.
Amie estimable, dévouée.	Dame.	Perplexe.
Amant vertueux.	Valet.	Malchanceux.
Argent, chance, voyage.	Dix.	Aliénation, brouille, voyage.
Bonheur, legs, testament.	Neuf.	Obstacles.
Argent, amour d'un homme très brun.	Huit.	Entente, contrats, etc.
Victoire, succès.	Sept.	Entreprise périlleuse, ennuis financiers.

SIGNIFICATION

ouvriers dans la maison, des hommes d'affaires, des domestiques avec possibilité de fourberies ; si de mauvaises cartes y sont mélangées, il peut s'agir de policiers, de magistrats, de créanciers, ou autres visiteurs déplaisants.

Les As rassemblés annoncent de nouvelles relations, avec

Cœur

Droites		Renversées
Maison, lettre d'amour.	As.	Bouleversement, déménagement.
Bon cœur, affectueux.	Roi.	Capricieux, incertain.
Blonde affectueuse.	Dame.	Vindicative, jalouse.
Un ami, un amant.	Valet.	Désillusion en amour, retard.
Bonheur, richesse.	Dix.	Naissance, changement.
Souhaits, succès.	Neuf.	Affection contrariée.
Amour, succès, invitation, vêtements.	Huit.	Ennuis, jalousie.
Faveurs, flirt.	Sept.	Jalousie amoureuse.

Pique

Droites		Renversées
Grands bâtiments, amour, profession.	As.	Vexation, difficultés, mort.
Veuf, homme de loi.	Roi.	Ennemi, avare.
Veuve, amie fidèle.	Reine.	Femme fausse et intrigante.
Employé, docteur.	Valet.	Traître, perfide.
Voyage, eau, grande distance.	Dix.	Maladie, deuil.
Insuccès, espoirs lointains.	Neuf.	Mort, déception, retard.
Maladie, nuit.	Huit.	Querelle, tromperie, séduction.
Changement, départ.	Sept.	Accident, perte, vol.

succès ou déboires, suivant les cartes qui les suivent ; mais les As rassemblés annoncent toujours un changement de vie.

N. B. — Si le consultant est marié, le Roi ou la Dame de la même série doivent toujours être considérés comme le conjoint.

POSITION

La position des cartes, au voisinage de la carte prise comme départ et qui représente le consultant, est de la plus haute importance. Au-dessus d'elle vient le succès, la réussite, le désir réalisé. Au-dessous, c'est le Passé et la condition où se trouve le consultant dans le moment présent.

La droite représente aspirations, désirs, espoirs, efforts

La gauche : obstacles, difficultés à surmonter, retards

Telles sont les Positions directes.

Les Positions obliques se présentent comme suit :

A droite en haut : ce qui favorise la réussite et conduit au succès.

A droite en bas : ce qui est déjà réalisé suivant le désir du consultant.

A gauche en haut : les obstacles qui surgiront du Passé.

A gauche en bas : les obstacles qui ont surgi dans le Passé.

Si le Neuf de Pique, carte de la « Désillusion », tombe près de la carte de départ, cela veut dire que le consultant ne sera pas exaucé. Si c'est le Neuf de Cœur, la réussite est probable. Si notre carte est encadrée par les deux autres, il y aura des délais ; si elle sont voisines, le désir du consultant changera. Entre autres choses, le Neuf de Pique annonce la pluie.

Observez que les Trèfles et les Cœurs annoncent généralement le succès, et les Piques l'échec. Les Carreaux sont incertains et dépendent de la carte qui les accompagne, c'est-à-dire les précédant, les suivant ou les touchant. Le Dix de Cœur corrige toujours les mauvaises cartes s'il est dans leur voisinage.

Il ne faut pas oublier que la signification d'une carte est différente si elle est renversée. Il est assez facile avec certains paquets, en observant la marge du haut, de reconnaître une carte renversée. Mais, en général, l'impression des cartes étant devenue très régulière, il vaut mieux, pour en être sûr, marquer les cartes d'un petit point à l'une des extrémités.

On n'emploie habituellement que trente-deux cartes pour la Cartomancie : Deux, Trois, Quatre, Cinq et Six étant éliminés. Dans une méthode dont nous parlerons en détail, trente-six cartes sont employées, les quatre Deux étant ajoutés. Les Tarots comprennent soixante-huit lames, mais il arrive qu'une partie d'entre elles soient inutilisées.

Généralement, quelle que soit la méthode, la signification des cartes reste à peu près constante : une carte de bon augure l'est dans tous les cas, mais la signification particulière ou spécifique est parfois altérée. Par exemple, le Dix de Pique signifie dans une certaine méthode : « pertes », et si elle est renversée, « pleurs » ; dans une autre, « chagrin » et, renversée, « ennuis passagers ». Le Sept de Pique peut signifier « espoir », et, renversé, « amitié » ; cela peut être encore : « résolution » et, renversé, « difficultés en amour ».

Ces valeurs des cartes doivent être bien étudiées, de façon à ne pas les oublier, afin que, lorsqu'une carte particulière apparaît, la clé de son interprétation soit tout de suite présente à la mémoire. Le mot « clé » est employé à juste titre, parce que ces termes ou valeurs ne doivent pas être pris dans leur sens absolu, mais plutôt comme guides.

Il faut noter également le sens des combinaisons. Par exemple, les Cœurs sont généralement associés à l'Amour et au mariage. Par voie de conséquence, ils sont aussi en étroite liaison avec les affaires domestiques et les relations sociales.

Les Carreaux, liés aux considérations financières et, bien que modifiés par d'autres cartes, sont en général de caractère favorable.

Les Trèfles sont presque toujours bons. Entreprises couronnées de succès. Satisfaction dans la vie quotidienne à la maison et prospérité dans les entreprises.

Les Piques sont malheureux. Mêlés à l'amour, ils signifient généralement la non-réciprocité. Ils indiquent la maladie, les déboires, les décès et les soucis d'argent.

S'il y a insistance d'une suite particulière, les Trèfles sont le signe du meilleur augure ; les Piques de la mauvaise fortune. Une continuité de Cœurs prédit le succès en amour ; de Carreaux, en argent.

Les combinaisons des cartes de Cour sont importantes ; parmi un grand nombre, signalons-en quelques-unes :

Quand les As se trouvent ensemble, il s'agit d'un changement d'entourage. Comment ce changement affectera-t-il l'avenir, cela dépend de l'influence des cartes qui les accompagnent.

Sepharial suggère que la réunion des As indique toujours un changement de vie. Foli croit qu'ils signifient danger et perte d'argent. Mais ces sens sont modifiés si les cartes sont renversées.

Trois As : ennuis temporaires. Il faut se souvenir que l'As moderne représente l'ancien Fou, qui avait le pouvoir de tout renverser et tout changer. Ayez toujours ce souvenir dans l'esprit en lisant les cartes.

Les Rois ensemble indiquent les affaires ou, comme le pense une autre autorité en Cartomancie, « honneurs, promotion, bons emplois ». Si un ou deux Rois sont renversés, le pronostic est moins important, mais la réalisation viendra plus vite.

Trois Rois sont de bon augure, à moins d'être renversés. Quatre Dames signifient conversations, médisances, ou une réunion mondaine ; celle-ci sera gâchée si les cartes sont renversées. Trois Dames : visites amicales ; mais renversées, elles peuvent être dangereuses pour le consultant.

Quand les Valets sont réunis, cela signifie ouvrier dans la maison ou des hommes d'affaires, ou compagnie tapageuse.

Trois Valets indiquent des ennuis avec des amis. S'ils sont renversés, il n'y a pas grand dégât.

Quatre Dix et quatre Neuf désignent respectivement bonne fortune et surprise. Trois Dix sont très mauvais, mais trois Neuf très bons. Quatre Huit, c'est un mélange de succès et d'insuccès ; trois Huit, de nouveaux liens de famille. Quatre Sept, ennuis imminents ; trois Sept, mauvaise santé, perte d'amis.

Neuf de Carreau et Huit de Cœur réunis sont considérés comme l'indication sûre d'un voyage. Le Dix de Carreau suivi d'un As signifie grosse somme d'argent. Une séquence d'As, Roi, Dame et Valet d'une seule couleur prédit un mariage, ainsi que le Dix de Cœur et l'As de Carreau. Le Neuf et le Roi de Cœur, ensemble, forment une combinaison heureuse pour les Amants.

Avant de procéder au tirage des cartes, dans n'importe laquelle des méthodes précédemment détaillées, le cartomancien doit prendre le paquet en main et le battre. Il se débarrasse ainsi de l'influence laissée par toute autre personne les ayant touchées récemment.

Le paquet est alors remis au consultant, à qui on demande de le battre très à fond.

L'état d'esprit du consultant durant cette manipulation dépend du but qu'il se propose. S'il demande à être

« éclairé » sur le passé, le présent et le futur en général, il doit être passif, ni anxieux, ni tendu sur un point particulier, désirant seulement savoir la vérité, quelles que soient les révélations données par les cartes.

S'il veut savoir une chose définie, laissez son esprit se concentrer sur la question et que cette attitude mentale soit fermement conservée pendant qu'on « bat les cartes ».

Observons que le battage des cartes est d'importance capitale, puisque l'ordre dans lequel les cartes seront ainsi placées ne peut plus être changé. Certains lecteurs peuvent penser que, de toute manière, quelque façon de procéder qu'on emploie, il ne s'agit évidemment que d'une question de chance.

Les cartes ayant été dûment battues, le consultant doit couper le paquet en trois parts au hasard, en tournant face dessus les cartes ainsi révélées. Dans presque tous les cas, on verra que ces trois cartes correspondent à la nature des pensées du consultant.

Si une dame consultante coupe l'As de Carreau, le Valet de Cœur et le Dix de Cœur, sans aucun doute son amant lui fera cadeau d'une bague. Si elle coupe son propre symbole (disons la Dame de Trèfle) avec le Roi de Trèfle et le Huit de Cœur, on peut en conclure que son amant est très brun. Si, au lieu du Huit de Cœur, c'est le Huit de Pique qu'elle coupe, elle se trouvera, si elle est mariée, à la veille d'une querelle avec son mari, dont elle a mauvaise opinion. Si elle n'est pas mariée, une querelle est proche avec un homme très brun que personnifie le Roi de Trèfle. Ces combinaisons variées indiquent ce qui est « dans l'air ». Les cartes sont ensuite rassemblées par le cartomancien dans l'ordre primitif, la face cachée. Elles sont ensuite posées suivant n'importe laquelle des méthodes suivantes. Les cartes doivent être battues et coupées avant chaque pose et la coupe doit en être exactement notée. Deux cartomanciens parmi les plus renommés furent de célèbres Français : Mlle Lenormand (p. 26) et M. Etteila (p. 67). Nous commencerons par ces méthodes éprouvées, connues et pratiquées dans le monde entier.

LES NEUF DE Mlle LENORMAND

Méthode avec trente-six cartes, c'est-à-dire : As, Roi, Dame, Valet, Dix, Neuf, Huit, Sept et Deux de chaque série. Les cartes sont posées en rangées de neuf, de gauche à droite. La place de chaque carte doit déterminer de quelle manière elle affectera le consultant. Chaque place a un nom défini et les trente-six positions sont les suivantes :

1 Projet	2 Satisfaction	3 Succès	4 Espoir
5 Risque	6 Désir	7 Injustice	8 Ingratitude
9 Connaissance	10 Perte	11 Blessure	12 Situation
13 Joie	14 Amour	15 Chance	16 Mariage
17 Douleur	18 Bonheur	19 Héritage	20 Trahison
21 Rivalité	22 Cadeaux	23 Affection	24 Élévation
25 Bénéfice	26 Entreprise	27 Changement	28 Mort
29 Récompense	30 Disgrâce	31 Bonne fortune	32 Opulence
33 Indifférence	34 Faveur	35 Ambition	36 Maladie

Nous recommandons instamment au lecteur de copier ce tableau sur un carton de dimensions suffisantes pour y placer les cartes.

(Voyez figure, p. 41.)

Les cartes touchant le symbole du consultant doivent être considérées en elles-mêmes : celles qui sont au-dessus, au-dessous, à sa droite et à sa gauche, celles qui le touchent obliquement à droite et à gauche, au-dessus et au-dessous. Ces neuf cartes (en comprenant le symbole lui-même), prises en rapport avec les positions qu'elles occupent, détermineront la condition du consultant, ses espoirs, succès, obstacles et dangers. Les autres cartes sont alors interprétées une à une, en accord avec les positions qu'elles occupent et avec leur signification générale. Dans cette acception, le Deux de Carreau signifie le confident du consultant ; il désigne aussi les veuves et les veufs, la personne aimée par le consultant, ou toute autre personne dont il s'enquiert particulièrement.

Le Deux de Cœur désigne le consultant ou la personne pour qui on tire les cartes.

Le Deux de Trèfle représente un parent ou un conseiller du consultant ; le Deux de Pique désigne n'importe qui ou n'importe quoi, d'après la position qu'il occupe ; il ne possède aucune signification personnelle.

Les cartes peuvent être tirées deux fois : la première pour les événements les plus proches, la seconde pour les plus éloignés.

Dans chaque cas, la façon de procéder est la même, en n'oubliant pas de battre et de couper chaque fois.

LES TRENTE-SIX POSITIONS

1. *Projet.*

Cœur. — Succès dans les entreprises quand une carte de Cœur est sur la place 1. Dans ce cas, les cartes, dans les positions 2-10-36, fourniront les détails.

Trèfle. — Un ami fidèle travaillera à vous amener le succès.

Carreau. — Difficultés causées par la jalousie ou la malveillance. Notez les cartes qui accompagnent.

Pique. — Trahison ou retards importants.

2. *Satisfaction.*

Cœur. — Vos vœux se réaliseront. De nombreuses faveurs vous attendent.

Trèfle. — La fidélité surmontera toutes les difficultés et vous donnera de la joie.

Carreau. — Vous aurez à surmonter des difficultés dues à la jalousie.

Pique. — La trahison diminuera vos espoirs de bonheur.

3. *Succès.*

Cœur. — Des perspectives heureuses et favorables vous entourent.

Trèfle. — Par les soins de vos amis, vous obtiendrez ce que vous désirez et réussirez dans vos projets.

Carreau. — Difficultés provenant de la jalousie et de la méfiance. Néanmoins, vous réussirez suivant vos mérites.

Pique. — Tromperie et traîtrise. Peu de chances de succès.

4. *Espoir.*

Cœur. — Vous obtiendrez ce que vous désirez.

Trèfle. — Bonnes chances d'obtenir ce que vous désirez, mais il vous faudra travailler dur.

Carreau. — Des espoirs sans fondement ne seront pas réalisés.

Pique. — Vous nourrissez un espoir absurde ; attendez-vous à le voir entièrement détruit.

5. *Risque.*

Cœur. — Fortune consolidée par un gain inattendu ; quoi que vous ayez entrepris, vous aurez d'importants succès.

Trèfle. — Votre condition va s'améliorer. Vous aurez d'importants succès.

Carreau. — Choses inattendues. Si vous avez risqué de l'argent, vous gagnerez. Pour le reste, pas de certitude. Si les cartes qui touchent au numéro 5 sont des Cœurs ou des Trèfles, tout va bien ; si ce sont des Carreaux, il y a de l'argent ; si ce sont des Piques, attendez-vous à une perte par le feu, l'eau, ou tout autre événement subit.

Pique. — Très grands risques, spéculations malheureuses, vols, perte et même banqueroute.

6. *Désir.*

Cœur. — Vos vœux seront comblés.

Trèfle. — Avec peine, et grâce à des concours extérieurs, vous accomplirez ce que vous désirez.

Carreau. — Il y a d'autres personnes en compétition avec vous. Il y aura contestation et quelques risques d'échec.

Pique. — Renoncez à tout espoir.

7. *Injustice.*

Cœur. — On a été injuste avec vous, mais vous aurez pleine réparation et vos droits seront reconnus.

Trèfle. — Utilisez un intermédiaire. Grand espoir de voir vos mérites reconnus.

Carreau. — Faites des avances sous forme de cadeau. Rien n'obstrue votre route, si ce n'est un sentiment d'ennui.

Pique. — Oubliez vos torts et ne les aggravez pas en créant de nouvelles occasions d'être injuste avec vous.

8. *Ingratitude.*

Cœur. — Vous aurez la satisfaction de savoir que ceux qui ont été ingrats envers vous désirent vivement réparer leurs torts.

Trèfle. — Vos amis vous donneront des compensations pour les négligences et l'ingratitude dont vous avez souffert.

Carreau. — Ne soyez pas ennuyé. Seule, la jalousie est cause de l'ingratitude que l'on vous a témoignée.

Pique. — Faites aux autres ce que vous voudriez qu'on vous fît. Préparez-vous au désappointement et à la traîtrise, mais prenez soin de ne pas causer à d'autres les mêmes offenses.

9. *Connaissance.*

Cœur. — Associations profitables. Amitiés très avantageuses.

Trèfle. — Vous avez d'excellents amis, prenez soin de ne pas les négliger.

Carreau. — Prenez garde de ne pas devenir une cause de jalousie et de combat entre vos associés.

Pique. — Soyez très prudent en choisissant vos amis, mais ne soyez pas surpris d'être trahi. Vous pouvez être utile aux autres, mais vous tirerez peu d'avantages de vos associés.

10. *Perte.*

Cœur. — Préparez-vous à perdre vos bienfaiteurs et ceux qui sont bien disposés pour vous.

Trèfle. — Vos affaires vont recevoir un choc rude par la perte d'un ami.

Carreau. — Surveillez vos biens et vos intérêts, vous êtes en danger de faire bientôt des pertes sévères.

Pique. — Tromperie et trahison dans vos affaires. Chagrins, ennuis, pertes. Faites attention aux investissements frauduleux, aux vols.

11. *Blessure.*

Cœur. — Vous allez recevoir une douloureuse blessure morale.

Trèfle. — Chagrins et ennuis d'amitiés. Attendez-vous à perdre un ami.

Carreau. — Ennuis dans vos intérêts et affaires d'argent. Rancune et méchanceté contre vous.

Pique. — Beaucoup de chagrin se prépare pour vous. Attendez-vous à des peines, des pertes et de la trahison.

12. *Situation.*

Cœur. — Vous avancez vers le succès de jour en jour.

Trèfle. — Votre travail et de bons amis vous font progresser et acquérir la fortune.

Carreau. — Vous atteindrez le succès, en dépit d'obstacles et d'oppositions.

Pique. — Votre situation diminue. Redoublez d'efforts et de soins pendant un certain temps.

13. *Joie.*

Cœur. — Joies prochaines dans vos affections.

Trèfle. — Le bonheur vient vers vous, grâce à vos amis et à vos efforts.

Carreau. — Vous aurez la joie de franchir un obstacle, malgré opposition et jalousie.

Pique. — Vous serez heureux d'avoir été utile aux autres. Un service de fidélité rendu à un supérieur vous apportera sa récompense.

14. *Amour.*

Cœur. — Succès et bonheur en amour.

Trèfle. — De la personne qui vous aime et qui vous est fidèle, vous recevrez d'intéressants avantages.

Carreau. — La jalousie, monstre aux yeux verts, se mêle à des sentiments instables.

Pique. — Vos affections se dessécheront, mais ne désespérez pas, vous aurez la victoire par la patience et la fidélité.

15. *Chance.*

Cœur. — Vous réussirez dans la vie et la prospérité vous vient par des moyens légitimes.

Trèfle. — Par vos efforts de cœur et d'esprit, et aussi grâce à l'aide de bons amis, vous aurez plus d'argent que vous n'en avez besoin pour vivre honnêtement.

Carreau. — Sérieux danger pour votre situation par rivalité et jalousie.

Pique. — Chances de succès immédiat détruites par haine et manœuvres frauduleuses.

16. *Mariage.*

Cœur. — Mariage excellent, affection réciproque.

Trèfle. — Vous devrez votre mariage à vos amis ; ce sera une union bien assortie.

Carreau. — Ennuis, peines et vexations suivront votre mariage. Si, de préférence, vous cherchez une dot, vous la trouverez. Il faudra que vous en supportiez les conséquences avec résignation.

Pique. — Trahison et méchanceté sont les fruits de votre mariage. Attention au choix du partenaire. Ici, le Neuf de Pique signifie divorce ; le Huit, séparation.

17. *Douleur.*

Cœur. — Vos ennuis disparaîtront vite. Vivez en bon espoir.

Trèfle. — Réconciliez-vous avec vos amis le plus tôt possible.

Carreau. — Des mots blessants et des sentiments de colère vous troublent. Chassez-les et vivez en paix.

Pique. — Vous êtes victime de la tromperie et de la trahison. Attendez un moment, ne prenez pas de mesures trop rapides.

18. *Bonheur.*

Cœur. — Affections bien placées et réciproques. Rien n'empêche votre bonheur.

Trèfle. — Avec du soin et de la prudence, vous atteindrez aux sources du bonheur.

Carreau. — Vous saisissez le plaisir d'une main désespérée. Vous courrez de grands risques et vous pouvez exciter la colère et la jalousie.

Pique. — Vos plaisirs seront de courte durée. Faites attention qu'ils ne causent pas votre perte.

19. *Héritage.*

Cœur. — Vous avez toutes raisons d'espérer un héritage considérable.

Trèfle. — Legs possible d'un ami.

Carreau. — Vous vous engagerez dans une lutte et des procès qui vous coûteront plus cher que la totalité de votre héritage.

Pique. — Si vous avez quelques droits sur un héritage, la tromperie des autres peut vous le faire perdre. Prenez toutes précautions et prévoyez le pire.

20. *Traîtrise.*

Cœur. — Le mal que des amis traîtres veulent vous faire retombera sur eux.

Trèfle. — Il vous sera possible de remercier les amis qui démasqueront à temps des complots dirigés contre vos biens.

Carreau. — Le temps atténuera la douleur que vous causeront des complots et des méchancetés. Mais vous subirez un ébranlement violent lorsque vous découvrirez le danger que vous couriez.

Pique. — Attendez-vous à un scandale, à perdre des amis et à des manœuvres trompeuses.

21. *Rivalité.*

Cœur. — Vous viendrez à bout de toutes les rivalités. La victoire vous appartient. Profitez-en de votre mieux.

Trèfle. — Vos propres mérites et les services que vous rendront vos amis vous assureront la victoire sur vos rivaux.

Carreau. — En dépit de la méchanceté et de l'intrigue, vous pouvez espérer une décision en votre faveur. Les présages sont capricieux.

Pique. — N'espérez pas de succès. Vos rivaux gagneront toutes les faveurs que vous espérez.

22. *Cadeaux.*

Cœur. — Vous aurez des cadeaux bien plus nombreux que vous n'en attendez.

Trèfle. — Des cadeaux vous seront faits pour vous-même. Vous recevrez des faveurs de vos amis.

Carreau. — Les cadeaux et les flatteries ne doivent pas influencer votre conduite dans le mauvais sens.

Pique. — Prenez garde aux cadeaux qu'on vous fait. La trahison et le mensonge se dissimulent sous les sourires et les protestations d'amitié.

23. *Affection.*

Cœur. — Vous serez comblé par l'amour qu'on a pour vous. Vous êtes aimé par une personne qui a bon caractère.

Trèfle. — Quelqu'un de bonne origine est digne de votre affection. Vos amis et confidents vous feront avoir des gains.

Carreau. — Faites attention. La personne que vous aimez peut devenir jalouse. Prenez garde aux disputes entre vos amis.

Pique. — Vous regrettez d'avoir mal placé votre affection. La personne que vous aimez est vindicative, fausse et trompeuse. Vos amis sont faux et hypocrites.

24. *Elévation.*

Cœur. — Vous irez beaucoup plus haut que vous ne vous y attendez, et vous recevrez l'estime et les honneurs des gens de valeur.

Trèfle. — En faisant votre devoir, vous obtiendrez élévation et fortune. Ne négligez pas vos amis.

Carreau. — Rivalités et contestations retarderont longtemps votre avancement.

Pique. — Trahison et méchanceté seront des obstacles à votre ascension sociale. On vous conseille de servir, au lieu de lutter pour conquérir l'autorité.

25. *Bénéfices.*

Cœur. — Vous recevrez toute la récompense de votre mérite et de nombreux bénéfices vous seront dispensés par vos supérieurs.

Trèfle. — Vous ferez des bénéfices, grâce à vos amis auxquels vous devrez beaucoup.

Carreau. — Vous n'aurez qu'une partie des bénéfices que vous méritez, à cause de contestations et de jalousie.

Pique. — Les bénéfices que vous méritez iront à d'autres, à cause de faux rapports et de mensonges.

26. *Entreprise.*

Cœur. — Vos entreprises seront couronnées de succès et vous serez considéré.

Trèfle. — Vos risques seront lucratifs et vos amis vous seront très utiles dans vos entreprises.

Carreau. — Il y a trop de compétitions et de rivalités dans le champ de votre entreprise. Vous risquez d'être éliminé.

Pique. — Beaucoup de vos entreprises vous seront désavantageuses. Il faut mener vos affaires avec grand soin et circonspection.

27. *Changement.*

Cœur. — Vous aurez un changement de fortune heureux et avantageux. La chance vous attend.

Trèfle. — Un changement très avantageux dans votre condition sera dû à un ami.

Carreau. — Attention de ne pas passer de la poêle à frire dans le feu ; évitez les conflits.

Pique. — Vous êtes en grand danger de perdre votre situation actuelle. Vous avez à combattre des ennemis secrets.

28. *Mort.*

Cœur. — Gain inattendu grâce à une mort.

Trèfle. — Un ami vous fera un legs.

Carreau. — Vous apprendrez bientôt la mort d'un ennemi.

Pique. — Votre pire ennemi est sur le point de mourir. Vos plus mauvais jours sont passés.

29. *Récompense.*

Cœur. — Vous recevrez la récompense de vos travaux, votre fidélité sera récompensée, reconnue et vous jouirez d'une grande considération.

Trèfle. — Vous recevez la récompense de vos travaux. Vos amis vous aident à récolter le fruit de votre travail.

Carreau. — Votre récompense sera diminuée ou retardée par la jalousie.

Pique. — Vous êtes menacé, par une tromperie, de perdre ce qui vous était promis et que vous attendiez.

30. *Disgrâce.*

Cœur. — Vous oublierez bientôt certaine petite disgrâce. Les événements tourneront à votre avantage.

Trèfle. — Un ami est menacé de tomber en disgrâce. Vous en souffrirez, mais tout s'arrangera.

Carreau. — Vous souffrirez des calomnies et de méchancetés. Faites attention de ne pas encourir de justes reproches.

Pique. — Vous avez mal placé votre confiance et par voie de conséquence, vous perdrez votre réputation. Vous serez trahi.

31. *Bonne fortune.*

Cœur. — Un coup de chance inattendu vous offrira des conditions de vie très agréables.

Trèfle. — Votre fortune sera considérablement augmentée par des protections et l'aide de vos amis.

Carreau. — La jalousie et l'ambition de faux amis tourneront à votre avantage.

Pique. — Vous aurez l'assistance quand elle vous sera nécessaire. Vous courrez de grands dangers, même celui de perdre la vie, mais vous serez protégé providentiellement.

32. *Opulence.*

Cœur. — Vous réaliserez une brillante fortune, à la mesure de vos plus hautes ambitions.

Trèfle. — Votre travail et votre intelligence, aidés par les services de vos amis, vous assureront une fortune suffisante.

Carreau. — Des gens avares et jaloux, en qui vous avez confiance, feront fortune à vos dépens, ou profiteront abusivement de votre fortune.

Pique. — Votre énergie et vos talents sont condamnés à enrichir les autres. Soyez donc discret dans l'utilisation de votre énergie et tâchez de préserver vos droits.

33. *Indifférence.*

Cœur. — Vous serez indifférent au sort d'autrui, ce qui vous fera perdre des occasions de bonheur.

Trèfle. — Votre indifférence dans le choix de vos amis sera la cause, pour vous, de fâcheux ennuis.

Carreau. — Votre indifférence à vos propres intérêts fera que d'autres récolteront les fruits que vous négligez.

Pique. — Votre négligence envers votre devoir et votre apathie vous causeront des pertes d'argent, de réputation, d'amitié et de santé.

34. *Faveur.*

Cœur. — Vous serez favorisé par des personnes puissantes qui serviront efficacement vos intérêts. Vous êtes privilégié, entouré d'affection et d'estime.

Trèfle. — Votre sagesse et votre fidélité vous gagnent de nombreux amis dont vous recevrez de nombreuses faveurs.

Carreau. — Difficultés pour obtenir quelque faveur importante. Vous avez de nombreux rivaux.

Pique. — Ne comptez que sur les fruits de votre travail, car vous ne serez pas aidé, ou très peu, dans votre carrière.

35. *Ambition.*

Cœur. — Poursuivez vos ambitions avec fermeté et vous recevrez votre récompense.

Trèfle. — Vous réaliserez vos ambitions, grâce à vos amis qui s'intéresseront à vos plans et projets.

Carreau. — La jalousie de parents et d'amis entravera beaucoup votre ambition.

Pique. — Vous serez profondément désappointé dans votre ambition principale. De faux amis et des ennemis secrets en seront responsables.

36. *Maladie.*

Cœur. — Vous aurez une petite maladie, sans gravité.

Trèfle. — Vous n'avez rien à craindre : votre maladie ne sera pas dangereuse.

Carreau. — Une maladie aiguë, mais courte, vous immobilisera quelque temps.

Pique. — Vous ne souffrirez pas seul : la maladie attaquera aussi vos ennemis. Mais attendez-vous à une longue épreuve et prenez patience.

N.B. : Les Cœurs annoncent la bonne fortune, quelle que soit leur place, promettent le succès. Les Trèfles indiquent l'aide que vous donnent vos amis et votre effort personnel bien dirigé. Les Carreaux sont capricieux et signalent la méchanceté, l'envie, la jalousie. Les Piques révèlent l'échec, la trahison, la malice et le manque d'initiative.

Quand de bonnes cartes entourent le nombre étudié, c'est de bon augure, et l'on peut escompter les meilleurs résultats, mais si des Piques ou des Carreaux sont entourés de bonnes cartes, c'est une certitude d'obstacles et de retards. Quand des Piques sont entourés de mauvaises cartes, comme les Valets de Pique et de Carreau, c'est un présage d'insuccès pour le sujet particulier indiqué par le nombre étudié.

Les nombres suivants comportent un commentaire spécial :

N° 5 comprend aussi le risque aux jeux de hasard : loterie, cartes, courses. Il indique également l'incendie et l'inondation, enfin les spéculations de toutes sortes.

N° 6 englobe tout ce qui est désiré : argent, amour, héritage, tout ce que l'on cherche à posséder ne dépendant pas de l'effort personnel, comme les ambitions, N° 35.

N° 7 est valable pour tous procès, adjudications, récompenses, etc.

N° 9 s'entend de toutes les associations : mariage, commerce, amis, affaires.

N° 16 : l'interprétation diffère suivant que le consultant est marié ou mineur.

N° 21 admet toutes les sortes d'intérêts rivaux dans le mariage, l'amour, les affaires, les compétitions diverses.

CHAPITRE III

EXEMPLE TYPE POUR LA LECTURE DES CARTES

La planche illustrée (p. 41) représente les cartes étalées d'une consultation. On remarquera d'abord que le Deux de Cœur, qui représente le consultant, est renversé. On ne doit pas l'oublier un instant, pendant toute l'interprétation du jeu.

Des huit cartes qui l'entourent, trois représentent des personnes, dont deux hommes. Le nombre vingt et un, couvert par le Deux de Cœur, signifie rivalité, non seulement en amour, mais en affaires. Il est bon qu'un Cœur soit là, mais sa position renversée suggère immédiatement retard ou complication, ce qui est confirmé ailleurs.

Considérons maintenant les séries de ces huit cartes : il y a trois Cœurs, y compris l'As, c'est-à-dire le Fou, qui peut tout changer de façon inattendue. Comme cette carte tombe sur le nombre 31 qui indique Bonne fortune, nous pouvons dire que tout ira bien, mais d'une façon inattendue. Il y a aussi deux Trèfles, qui indiquent des influences d'amis, deux Carreaux et seulement un Pique. C'est une série très avantagée !

Le Huit de Pique n'est pas très mauvais, et signifie probablement une santé à surveiller, surtout parce que la carte personnelle est la seule renversée de la série.

La combinaison As de Carreau, N° 22 (cadeaux) et Dix de Trèfle, encadrant la carte personnelle, suggère l'arrivée d'argent inattendu.

Notons, maintenant, la présence de la Dame de Trèfle et du Sept de Cœur qui suggèrent, impérieusement, de tendres sentiments chez la dame. Selon toute probabilité, le Valet de Cœur, au N° 11, représente un rival du consultant.

Ce bref exposé donne une idée de la manière de procéder, mais le cartomancien doit se concentrer en battant et en arrangeant les cartes, jusqu'à ce qu'il soit capable de déceler les combinaisons rapidement.

Il ne faut pas négliger, non plus, les indications des autres cartes : par exemple, le Deux de Carreau représente le confident du consultant et, dans le cas présent, cette carte N° 18 signifie Bonheur. Elle semble très éloignée du Deux de Cœur, mais, en réalité, elle n'est séparée que par quatre places du groupe essentiel qui entoure le Deux de Cœur et, dans cet espace, se trouve la Dame de Cœur, bonne carte, symbole d'une femme généreuse ou affectueuse, ce qui confirme, augmente, précise la première lecture.

Le Deux de Trèfle est trop éloigné pour affecter votre Divination, bien qu'il soit le numéro du mariage et voisin du Huit de Carreau. Il s'agit, probablement, d'un déplacement vers la maison de la femme si expressément désignée.

La méthode de Mlle Lenormand est excellente et très utilisée. Elle a le grand mérite de la simplicité, et l'emploi des quatre Deux pour désigner les consultants évite les perturbations dans les valeurs des cartes de Cour.

Il est nécessaire de faire remarquer que l'ensemble complet des neuf cartes, le consultant et les huit cartes qui l'entourent, ne peut être obtenu que si le Deux essentiel tombe dans une rangée du milieu. S'il tombe dans la rangée du haut, il n'est entouré que de cinq cartes. Dans ce cas, on prend l'initiative de transporter la rangée du bas correspondante au-dessus de la rangée du haut. De cette façon, on obtient le nombre de cartes nécessaires. Par exemple, si le Deux de Cœur est au N° 4 (où est sur notre figure la Dame de Carreau), les trois cartes qui l'entourent, si l'on déplace la rangée du bas, seront le Roi de Carreau, l'As de Cœur et le Huit de Cœur.

De même, si ce Deux de Cœur est au N° 35, au lieu du Deux de Pique, vous déplacerez la rangée du haut. Le même

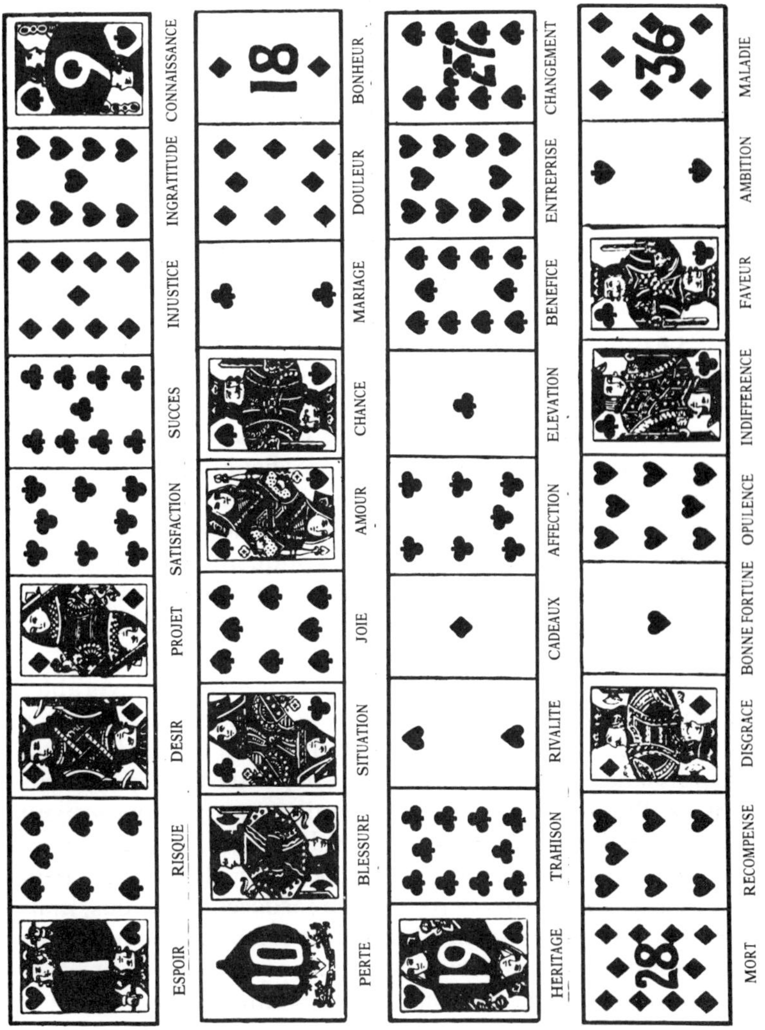

LA MÉTHODE DE MADEMOISELLE LENORMAND

procédé s'applique aussi aux côtés et l'on déplace l'une ou l'autre des rangées latérales.

Cette difficulté doit être soigneusement étudiée, parce que les quatre coins extrêmes exigent un double réajustement. Supposons que notre Deux de Cœur tombe au N° 9 (où se trouve le Valet de Pique, sur notre figure), les neuf cartes essentielles seront : Neuf de Cœur, Huit de Carreau et Deux de Carreau, touchant déjà le Deux de Cœur avec le Roi de Cœur, l'As de Pique, le Deux de Pique, le Sept de Carreau et le Dix de Carreau. Cela représente un calcul compliqué, jusqu'à ce qu'on y soit habitué.

L'autre grand avantage de la méthode de Mlle Lenormand, c'est qu'elle permet d'obtenir facilement une réponse définie à une question simple et directe. Supposons qu'une telle question ait été posée avec le jeu de la page et que les cartes, après avoir été battues, soient classées comme elles le sont là, vous n'avez qu'à étudier la valeur des huit cartes entourant le Deux de Cœur.

Nous trouvons trois Cœurs, deux Trèfles, deux Carreaux et seulement un Pique, arrangement très heureux. Vous pouvez donc promettre en toute sécurité à votre consultant une réponse heureuse, quelle que soit la question posée. Les Cœurs sont les plus fortunés et s'appliquent plus particulièrement à nous-mêmes ; les Trèfles sont aussi favorables, mais font intervenir des amis. Les Carreaux sont neutres et signifient retard, alors que les Piques sont mauvais.

Dans ce cas, la proportion est de cinq cartes favorables contre deux neutres et une mauvaise. Notez encore qu'il y a deux cartes de Cour, des Cœurs comprenant l'As ou Fou dont la puissance domine tout, un Trèfle, deux Carreaux, mais pas de Pique. Ainsi, de toute manière, votre réponse peut être satisfaisante. Il ne faut pas oublier que, en plus du oui ou du non catégorique, la disposition des cartes peut n'indiquer qu'un succès partiel, un insuccès pour vous, mais une réussite par vos amis. Les autres réponses dépendent de la combinaison des séries et de la proportion de cartes de Cour incluse dans les huit cartes d'entourage.

CHAPITRE IV

DE QUELQUES MÉTHODES ANGLAISES

Bien que la méthode de Mlle Lenormand soit très répandue et très appréciée, il existe beaucoup d'autres agréables façons de tirer les cartes. Pour varier, nous allons vous enseigner une méthode qui emploie le paquet de cartes au complet.

Parmi les différentes séries, les Trèfles représentent généralement le bonheur et sont rarement de mauvais augure ; ensuite viennent les Cœurs, de signification moins profonde, indiquant la joie, la générosité, le bon caractère.

Les Carreaux se réservent retards, querelles, contrariétés, et les Piques, suite fatale, douleur, malheur, maladie, mort. Il est important de grouper les cartes tout à fait au hasard, parce que celles qui se trouvent renversées ont un sens tout à fait différent. Sur les cartes comme l'As, le Dix, le Neuf, le Huit, etc., de Carreau, on doit faire une petite marque au crayon pour désigner le haut.

Battez bien le paquet, coupez trois fois, disposez les cartes par rangs de neuf. Choisissez un Roi ou une Dame pour le consultant. Cœur représente le type blond ; Carreau : type moyen clair ; Trèfle : très foncé, yeux noirs ou bruns ; Pique : cheveux et teint très foncés, yeux noirs ou bruns.

Certains cartomanciens réputés permettent au consultant de choisir le Roi ou la Dame qui les représentera, avant qu'on ait touché aux cartes. On peut aussi, au moment de la coupe, choisir, pour le Roi ou la Dame qui vous représentera, la couleur d'une des deux cartes ainsi exposées.

Ayant aligné vos cartes de la manière type indiquée plus haut, cherchez la carte (celle du consultant), et comptez-en neuf de chaque côté, la carte type étant le nombre un.

Les cartes ainsi repérées seront les cartes prophétiques. Pour une femme mariée, le Roi de la série à laquelle elle appartient représente son mari, et on devra en tenir compte par rapport à elle, car l'influence du conjoint est, naturellement, de grande importance. Pour un homme marié, la Dame de sa série représente sa femme.

Le Valet de la série type révèle les pensées du consultant et doit être considéré sous cet angle.

Le sens des cartes prophétiques est le suivant :

Trèfle.

As. — Paix de l'esprit, bonheur, succès.

Roi. — Influence dans votre vie d'un homme brun, droit, fidèle et affectionné.

Dame. — Femme brune, douce et plaisante.

Valet. — Pensée du questionneur. Pour n'importe quelle carte de Cour, à partir d'elle, il faut en compter neuf dans toutes les directions pour avoir les cartes prophétiques.

Dix. — Joie inattendue.

Neuf. — Vous ne donnez pas satisfaction à vos amis.

Huit. — Mise en garde contre la spéculation.

Sept. — Bonne fortune et bonheur, si vous agissez avec prudence vis-à-vis d'une personne de sexe opposé.

Six. — Succès d'affaires.

Cinq. — Mariage prudent.

Quatre. — Prenez garde aux changements dans vos projets ou dans votre façon de vie.

Trois. — Second mariage.

Deux. — Désappointement sans gravité, à moins que d'autres cartes prophétiques l'accentuent.

Bien étudier toutes les cartes prophétiques avant d'en tirer des conclusions.

Cœur.

As. — La maison. Si des Piques le touchent, il faut prévoir des querelles. Si ce sont d'autres Cœurs, ils annoncent l'amitié et la véritable affection. Si ce sont des Carreaux, arrivée d'argent et nouvelles d'amis lointains. Trèfles : fêtes et réjouissances.

Roi. — Homme blond, de bon naturel, mais imprudent.

Dame. — Femme blonde.

Valet. — Représente les pensées de la personne chère au consultant.

Dix. — Représente des enfants. Adoucit les mauvaises nouvelles des cartes proches et accentue ce qui est favorable.

Neuf. — Argent et situation. Si les cartes sont consultées spécialement pour une question, le Neuf de Cœur est la carte clé dont tout dépend.

Huit. — Plaisir. Compagnie.

Sept. — Faux ami.

Six. — Personne généreuse.

Cinq. — Ennuis causés par la jalousie.

Quatre. — Difficultés à convaincre une personne de votre entourage.

Trois. — Chagrin causé par votre propre imprudence.

Deux. — Succès, mais ne s'obtient pas sans application et prudence.

Carreau.

As. — Lettre. Étudier les cartes alentour pour savoir si elle apporte de bonnes ou de mauvaises nouvelles.

Roi et Dame. — Homme ou femme blonde.

Valet. — Pensée du consultant.

Dix. — Argent.

Neuf. — Voyage.

Huit. — Mariage tardif.

Sept. — Rumeurs déplaisantes, scandale.

Six. — Mariage précoce et veuvage possible.

Cinq. — Nouvelles inattendues.

Quatre. — Chagrin causé par des amis ; secret dévoilé.

Trois. — Querelles et ennuis de procédure.

Deux. — Engagement (fiançailles) contrariant vos amis.

Pique.

As. — Grand malheur. Mort si la carte est renversée.

Roi et Dame. — Personnes très brunes.

Valet. — Leurs pensées.

Dix. — Douleurs et peines.

Neuf. — Maladie, mauvaise fortune, carte de malchance.
Huit. — Mise en garde, faire attention.
Sept. — Très douloureuse perte d'un ami.
Six. — De l'argent avec beaucoup de travail.
Cinq. — Mauvais caractère qui cause des ennuis.
Quatre. — Maladie.
Trois. — Voyage.
Deux. — Déplacement.

Ayez soin de noter les cartes de même valeur qui sont voisines :

Deux As. — Tromperie.
Trois As. — Bonne nouvelle.
Quatre As. — Danger et insuccès.
Deux Rois. — Association d'affaires ou rencontre avec un ami pour quelque entreprise.
Trois Rois. — Affaire importante, généralement couronnée de succès.
Quatre Rois. — Récompenses, dignités, honneurs publics.
Deux Dames. — Rencontre avec un ami.
Trois Dames. — Visites.
Quatre Dames. — Réception.
Deux Valets. — Mauvaises intentions.
Trois Valets. — Faux amis.
Quatre Valets. — Réunion brillante ; gens qui boivent.
Deux Dix. — Changement de profession ou d'affaires.
Trois Dix. — Conduite imprudente.
Quatre Dix. — Grand succès certain.
Deux Neuf. — Petit gain.
Trois Neuf. — Bonne santé et fortune.
Quatre Neuf. — Grande surprise.
Deux Huit. — Rêve d'amour sans lendemain.
Trois Huit. — Projet de mariage.
Quatre Huit. — Court voyage.
Deux Sept. — Indiscrétion, imprudences.
Quatre Sept. — Ennuis venant de serviteurs ou d'employés.

N'importe laquelle de ces cartes renversées diminue beaucoup la force de la combinaison, c'est-à-dire qu'elle augmente une mauvaise influence, mais diminue ou détruit une bonne. Cela peut signifier, seulement, qu'une heureuse chance a été perdue.

Nous avons dit que les cartes significatives étaient au nombre de neuf en toutes directions. Nous allons rendre notre propos tout à fait clair par une illustration. Supposons que les cinquante-deux cartes soient placées en rangs de neuf comme suit :

7T	7P	RoP	ACa	ACo	VT	4Co	8Co	VP
2Ca	3Ca	2Co	6Co	RoCa	5T	2T	5P	3Co
5Co	6Ca	4T	DaT	5Ca	3P	RoCo	4Ca	10P
9P	DaP	8Ca	6T	AP	DaCa	RoT	VCo	6P
9Co	10Ca	8T	7Ca	AT	9T	9Ca	VCa	10Co
10T	8P	DaCa	7Co	4P	3T	2P		

(Roi : Ro — Dame : Da — Carreau : Ca — Cœur : Co)

LA MÉTHODE DES CINQUANTE-DEUX CARTES

Si le Roi de Cœur représente le consultant, nous le trouverons dans la troisième rangée. Comptons maintenant neuf à droite en partant du Roi de Cœur : un.

Il se trouve que notre troisième carte finit la rangée : quatre routes s'ouvrent alors devant nous. 1° Celle du haut, en restant avec les cartes extérieures ; dans ce cas, la neuvième carte sera l'As de Cœur qui, nous le savons, représente la maison ; comme il n'y a pas de Pique dans le voisinage, aucune inquiétude à ce sujet. 2° Nous nous tournons vers le bas et restons dans les cartes extérieures ; nous atteignons ainsi le Sept de Cœur, qui indique un faux ami ; touchant cette carte, une femme au teint et cheveux clairs (Dame de Cœur) : mise en garde contre la spéculation, les fausses nouvelles ; au-dessus, une carte de succès : l'As de Trèfle, enfin, une maladie. La présence de l'As de Trèfle nous sauve tout juste d'une série de désastres. 3° Tournons-nous vers le haut et continuons le long de la seconde rangée, jusqu'au Six de Cœur ; une personne généreuse, au-dessous, une femme brune (Dame de Trèfle). Mise en garde contre un changement de projets ; indice de succès si l'on est attentif ;

un homme très brun : Roi de Pique, une lettre, un homme de teint et cheveux clairs (Roi de Carreau), nouvelles inattendues. Un trop grand nombre de personnes sont mêlées à la vie et aux projets du consultant, ce qui nécessite une constante surveillance. 4° Vers le bas, avançons le long de la quatrième rangée, jusqu'au Six de Trèfle : succès en affaires, entouré de fâcheuses rumeurs, mise en garde contre la spéculation ; mariage tardif ; mise en garde contre un changement de projets ; présence d'une femme brune (Dame de Trèfle), nouvelles inattendues, fatalité et succès (As de Trèfle), mélange déplaisant que sauve, tout juste, du désastre l'As de Trèfle.

La carte clé elle-même, le Roi de Cœur, est entourée par un homme brun, une femme aux cheveux et teint clairs (Roi de Trèfle et Dame de Carreau), un voyage, un mariage prudent, une petite désillusion, de la colère et des difficultés avec des amis, enfin, la pensée de quelqu'un. Il semble raisonnable de penser qu'un mariage tardif est prévu, probablement avec une femme de cheveux et teint clairs. (Les Dames de Cœur, de Trèfle et de Carreau sont toutes parmi les cartes auxquelles nous nous sommes référés, mais le Valet indiquant les pensées dominantes est celui de Cœur.) Une nouvelle maison, après un voyage, signifie que notre consultant est au bout de ses ennuis qui furent cause de mauvaise humeur et de querelles.

Dans la règle universellement adoptée pour tirer les cartes, les consultations doivent être séparées par un intervalle de neuf jours. Mais il est fréquent, dans la même consultation, de battre longuement les cartes, de couper et de recommencer le jeu, une seconde et une troisième fois, en notant soigneusement toutes les cartes sorties chaque fois et d'établir ainsi une moyenne pour les trois essais.

Il vaudrait mieux, et il serait plus sage, de varier alors le décompte des neuf cartes. Pour un second essai, vous pourriez aller vers la gauche, si vous êtes allé à droite en premier, vous pourriez monter ou descendre, à partir du Roi de Cœur. Les quatre façons de procéder donnant des séries de cartes différentes, on obtiendrait certainement une plus grande précision.

Examinons très brièvement les résultats en comptant vers la droite, comme nous l'avons déjà indiqué. Les cartes rencontrées sont :

Cœur : As, Deux, Six, Sept, Valet, Dame. — Trèfle : As, Deux, Quatre, Cinq, Six, Huit, Dame, Roi. — Pique : As, Trois, Quatre, Cinq, Roi.

Le simple tableau qui suit montre d'un coup d'œil les résultats des quatre méthodes :

Cœur :
A droite : 2, 6, 7, Valet, Dame, As.
A gauche : 2, 5, 9.
En haut : 2, 3, 4, 5, 6, 8, Valet.
En bas : 3, 7, 9, Valet, Dame.

Trèfle :
A droite : 2, 4, 5, 6, 8, Valet, Dame, Roi, As.
A gauche : 4, 7, 8, 10.
En haut : 2, 4, 5, 7, Valet.
En bas : 3, 8, 9, 10, Valet, As.

Carreau :
A droite : 4, 5, 7, 8, Dame, Roi, As.
A gauche : 2, 3, 6, 8, 10.
En haut : 2, 3, 4, 6, As.
En bas : 4, 7, 9, 10, Valet, Dame.

Pique :
A droite : 3, 4, 5, Roi, As.
A gauche : 7, 8, 9, Dame, Roi.
En haut : 5, 6, 7, 10, Roi.
En bas : 2, 4, 5, 6, 8, 9, 10, Dame.

Les cartes entourant le Roi de Cœur sont comprises ci-dessus dans le compte exact. On remarquera, en suivant cette méthode d'utilisation complète des cartes, que *quatre* cartes essentielles sont atteintes deux fois et qu'elles sont évidemment les plus importantes du jeu. Ce sont : Trois de Carreau (querelles et ennuis avec la Loi) ; Neuf de Cœur (faux ami) ; Dix de Pique (malheur et tourments). Voilà qui confirme notre première lecture : le consultant aura beaucoup de peines et de difficultés, mais finira par sortir de la misère.

Dans le tableau ci-dessus, certaines cartes n'apparaissent qu'une fois ; elles ont peu d'intérêt pour le consultant, de même celles qui apparaissent deux fois. Mais celles qui sont réellement importantes sortent trois ou quatre fois — ce dernier cas étant très rare, naturellement.

Dans la présente expérience, sept cartes sortent trois fois. Les voici :

Cœur :

Deux. — Succès, mais non sans efforts.

Valet. — Pensées dominantes. Cette carte apparaît à côté du Roi de Cœur.

Trèfle :

Quatre. — Attention aux changements de projets.

Huit. — Mise en garde contre la spéculation.

Carreau :

Quatre. — Ennuis causés par des amis. Cette carte apparaît aussi à côté du Roi de Cœur.

Pique :

Cinq. — Colères et querelles. Cela, aussi, touche la carte personnelle du consultant.

Roi. — C'est évidemment l'ami dangereux.

Nous obtenons ainsi une confirmation saisissante de notre prédiction, dont ces diverses expériences nous apportent l'interprétation correcte.

La méthode que nous venons de décrire est connue sous le nom d'anglaise — non parce qu'elle a pris naissance en Angleterre, mais afin de la distinguer des nombreuses méthodes continentales, où ne sont utilisées que trente-deux cartes.

Nous allons donner maintenant quelques méthodes anglaises avec les trentes-deux cartes utilisées sur le continent.

Les trente-deux cartes sont celles employées pour le jeu ordinaire de Piquet, du Sept à l'As. Les sens des cartes sont nécessairement différents de ceux de la méthode anglaise, et nous les donnons au complet. Les Rois, Dames et Valets représentent les personnes et les pensées, comme dans la méthode anglaise.

Trèfle :

As. — Argent, bonnes nouvelles, bonheur. S'il est renversé, c'est de peu de durée.

Dix. — Fortune, succès de situation sociale, luxe. S'il est renversé : un voyage en mer.

Neuf. — Gain inespéré. Renversé : cadeau sans importance.

Huit. — Affection d'une personne brune. Renversé : malheur.

Sept. — Petite somme d'argent. Renversé : ennuis d'argent.

Cœur :

As. — Lettre, nouvelles agréables. Renversé : visite d'un ami.

Dix. — Bonheur et succès. Renversé : désillusion.

Neuf. — Carte indiquant ce que l'on désire. Si elle apparaît près de la carte de Cour du consultant, le désir sera comblé. Renversé : anxiété de peu de durée au sujet de ce désir.

Huit. — Affection d'une personne aux teint et cheveux clairs. Renversé : indifférence au lieu d'amour.

Sept. — Pensées agréables, tranquillité. Renversé : fatigue.

Carreau :

As. — Lettre. Renversé : mauvaises nouvelles.

Dix. — Voyage ou changement de résidence heureux ; malheureux si la carte est renversée.

Neuf. — Contrariété, retard. Renversé : querelles.

Huit. — Amour. Renversé : déception.

Sept. — Moqueries, nouvelles désagréables. Renversé : scandale.

Pique :

As. — Joie sentimentale. Renversé : chagrin, nouvelles de mort.

Dix. — Larmes. Cela peut signifier aussi la prison. Renversé : brève affliction.

Neuf. — Nouvelles de mort ou d'échec. Renversé : perte d'un proche parent.

Huit. — Avertissement de maladie. Renversé : mariage rompu.

Sept. — Ennuis légers. Renversé : le consultant se conduit comme s'il était fou.

Si deux cartes, ou davantage, de même couleur viennent ensemble, il faut se servir, pour énoncer le pronostic, du tableau de la méthode anglaise, universellement utilisé. Les petites cartes de Pique, ensemble, annoncent une certaine perte d'argent. La Dame de Pique annonce la mort du mari ou de la femme, à moins qu'elle ne soit la carte type de la consultante, si celle-ci est très brune.

En général, les Cœurs gouvernent les affaires de la maison, et par conséquent les affaires de cœur. Les Carreaux sont affectés à l'argent et aux affaires ; les Trèfles à la chance, cependant que les Piques sont : malchance, maladie, mort, pertes financières, ruine. Ils représentent aussi les amours coupables.

Ces sens généraux doivent être présents à l'esprit quand on considère la carte du consultant, car une série ou une autre est certainement dominante près de cette carte.

Si plusieurs cartes de Cour sortent ensemble, c'est signe de grande activité sociale : hospitalité, visites, amusements de toutes sortes.

Deux Dix rouges ensemble annoncent un mariage ; deux Huit rouges, des vêtements neufs. Une carte de Cour, tombant entre deux cartes de même couleur (deux Dix, deux Sept, etc.), indique pour la personne qu'elle représente des ennuis avec la Loi.

Les cartes doivent être coupées de la main gauche pour les besoins de la Divination, et il vaut toujours mieux avoir une table ronde. On voit, en général, que les cartes ne « parlent » pas convenablement quand le consultant les pose lui-même. En pareil cas, on demande à un ami d'agir comme intermédiaire et de faire l'enquête au profit de l'exécutant.

DONNER LES CARTES PAR TROIS

Le paquet de trente-deux cartes est battu par le consultant et coupé en trois paquets de la main gauche. On prend d'abord le paquet du milieu, on place dessus le dernier paquet et le premier sur le tout. Puis, retournant le paquet complet face en haut, on donne trois cartes. Si parmi celles-ci il y en a deux ou même trois de la même série, la plus forte est retirée et placée, face visible, sur la table. Les autres sont écartées, face cachée, pour former un nouveau tas.

Si les trois cartes sont de même valeur : trois Rois, trois Huit, etc., on les ajoute à celles qui sont déjà alignées sur la table. Quand le paquet est épuisé, vous recommencez jusqu'à ce que treize, ou quinze, ou dix-sept cartes soient rangées devant vous. La carte du consultant doit toujours être parmi elles, de sorte que si vous arrivez à douze, à quatorze, ou seize, sans l'avoir, vous devez immédiatement la prendre dans le paquet et l'ajouter à l'extrémité de la rangée, complétant ainsi le nombre impair nécessaire. La rangée doit toujours aller de gauche à droite. Si la carte du Désir, le Neuf de Cœur, est parmi elles, il faut la considérer comme un signe de fortune. Plus elle tombe près de la carte du consultant, plus grandes sont les chances de prospérité et de bonne fortune.

On prend alors une carte à chaque extrémité de la rangée et on les place côte à côte sur la table pour lire leur signification ensemble, la carte venant de la droite étant toujours la plus puissante.

Supposons que vous preniez à droite le Huit de Pique et le Sept de Trèfle à gauche : cela signifie qu'une maladie bénigne ou un accident vous apportera une petite somme d'argent.

Si le Sept de Trèfle vient de la droite et le Huit de Pique de la gauche, la signification sera toute différente : c'est la petite somme d'argent qui sera la cause de la maladie ou de l'accident.

De cette façon, toutes les cartes, sauf une, sont mises par paires, ne laissant qu'une carte « Surprise », et la lecture de cette carte affectera tout le reste.

Il y a une autre façon légèrement différente de procéder à cet arrangement : les cartes battues et coupées de façon à former trois tas, le cartomancien prend le paquet du centre et en retire la carte du dessous, dont il montre la face. Cette carte est placée sur la table, première de la rangée nécessaire pour déterminer les décrets du Destin. La dernière coupe est ensuite traitée de même et la carte de dessous placée seconde dans la rangée. Le reste de cette coupe est posé sur le paquet du centre, comme dans la première méthode. Enfin, vous recommencez avec la première coupe et posez ce qui reste sur le dessus du paquet.

Les cartes sont alors données par trois, comme précédemment, mais la plus haute des trois est choisie, sans tenir compte de la suite. Par exemple, si vous retournez le Sept de Cœur, l'As de Trèfle et le Valet de Cœur, l'As sera choisi dans ce système, alors que l'on aurait pris le Valet dans la méthode originelle. Si trois cartes de valeur égale ou trois cartes de la même suite apparaissent, toutes les trois sont ajoutées à la rangée, dans le même ordre.

Continuez ainsi jusqu'à ne plus avoir que deux cartes en main, et sans vous occuper de celles que vous avez rejetées. Dans la première méthode, les cartes rejetées sont employées pour compléter le nombre impair nécessaire pour la Divination, mais cela ne se fait plus dans le présent système. Avec la méthode originelle, il arrive souvent que les trois cartes soient de différentes suites et doivent alors être toutes rejetées. Ce n'est pas le cas dans la méthode présente, plus simple, puisque la carte la plus haute est seule choisie, chaque fois. Le fait aussi d'avoir trois cartes d'avance fait encore une différence.

Ainsi, sur trente-deux cartes, vous êtes forcé d'en avoir, *au moins*, douze dans votre rangée, et si vous en avez retourné trois d'une suite, ou trois de même valeur, vous en aurez davantage.

Gardez les deux dernières cartes dans votre main, et vérifiez si votre rangée compte un nombre impair. Dans ce cas, rejetez les deux dernières cartes et procédez comme il vous a été indiqué précédemment, en formant des paires avec les cartes prises au fur et à mesure aux deux extrémités.

Si le nombre de votre rangée est pair, vérifiez la présence de la carte type qui représente le consultant. Si elle est absente, vous la cherchez dans les cartes rejetées et vous l'ajoutez à l'extrême droite de votre rangée. Si la carte type est sortie, voyez si la carte du Désir (Neuf de Cœur) est présente ; sinon, ajoutez-la à l'extrémité droite. Si aucune des deux ne manque, cherchez la pensée du consultant, c'est-à-dire le Valet de la même série que la carte type.

Si ces trois cartes sont présentes, ajoutez la plus haute des deux dernières cartes, et si, par malchance, elles sont toutes deux de même valeur, c'est que le Destin refuse de se révéler : le consultant doit revenir un autre jour, car le nombre de cartes de la rangée *doit* être impair.

DONNER LES CARTES PAR SEPT

Le paquet de cartes est battu et coupé de la main gauche par le consultant. On doit, alors, compter et séparer sept cartes, celle du dessus étant la première. La septième carte, placée la face en dessus à la gauche de la table, commence la rangée de cartes nécessaires. Répétez cela quatre fois. Vous aurez, alors, quatre cartes de reste. Ajoutez-les aux cartes rejetées, faites-les battre et couper par le consulant. Recommencez à donner par sept cartes, la septième s'ajoutant à la rangée. Vous obtiendrez, ainsi, huit cartes face visible. Faites encore battre et couper, et donnez par sept, mais, cette fois, n'ajoutez que trois cartes à la rangée, car vous n'en avez plus que vingt-quatre en main. Placez à part ces trois cartes finales, face en dessous. Augmentez ensuite la rangée exposée sur la table jusqu'à douze en ajoutant, prise dans les cartes rejetées, soit la carte type du consultant, soit le Valet de sa série (ses pensées), soit le Neuf de Cœur, la carte du Désir. Ces cartes ne doivent être prises que dans le tas rejeté. Par exemple, si la carte type n'est pas dans la rangée, sur la table, et ne se trouve pas dans les cartes rejetées, c'est qu'elle est certainement parmi les trois cartes à la face cachée constituant la Surprise et que l'on ne peut toucher. S'il est impossible de compléter les douze, la tentative doit être remise à un jour plus favorable, et l'on doit essayer un autre mode de Divination.

Quelques personnes sont très sensibles aux nombres impairs. Dans ce cas, les cartes doivent être consultées un jour impair du mois et dans un jour impair de la semaine, le dimanche étant le premier. On peut décider de cette préférence en faisant le compte des lettres du nom et des prénoms. Par exemple, THOMAS ATKINS contient douze lettres, donc un jour pair lui serait plus favorable.

Dans l'expérience précédente, nous travaillions avec un nombre impair de cartes. Cette méthode doit donc être réservée les jours impairs, au bénéfice de consultants dont le nom forme un nombre impair.

La méthode présente de douze cartes ne comporte pas de carte maîtresse ; mais les trois cartes retournées prennent sa place, c'est la Surprise. Elle comporte toujours une chose inattendue pour le consultant.

On remarquera que ces trois méthodes adoptent le même principe général : une rangée de nombres pairs ou impairs et la confrontation des cartes extrêmes de la rangée, droite avec gauche, avec une forte Surprise pour la fin. Les trois méthodes ont l'avantage de la simplicité.

CHAPITRE V

DE QUELQUES ÉTOILES ARTISTIQUES

Les cartomanciens français abandonnent volontiers les méthodes simples des Anglais dans la disposition des cartes. Ils utilisent, alors, des figures de fantaisie, connues sous le nom d'Étoiles. Nous allons en donner trois, avec la façon de les construire et de les lire.

La plus connue est la Grande Étoile, dont nous donnons la figure p. 59. Elle utilise trente-deux cartes, les Deux, Trois, Quatre, Cinq et Six étant rejetés.

Une carte doit représenter le consultant. Si c'est un homme blond, le Roi de Cœur est choisi. Cette carte est nommée *Indicatif*. Un homme blond, très clair, ou à cheveux blancs, aura comme Indicatif le Roi de Carreau. Pour les femmes blondes, ou très blondes, les Dames de Cœur ou de Carreau sont leurs Indicatifs. Les Trèfles et les Piques représentent respectivement des consultants bruns, clairs ou foncés.

Dans le cas d'un consultant veuf, l'Indicatif choisi est un Pique.

Voyons comment poser les cartes. En premier lieu, l'Indicatif est mis sur la place N° 1.

Après que les cartes ont été battues, d'abord par l'opérateur, ensuite par le consultant, elles doivent être coupées de la main gauche par le consultant.

Quand la première coupe est faite, l'opérateur distribue dix cartes et garde la onzième. Elle sera posée à la place N° 2 du dessin.

Les trente cartes qui restent sont alors mises en paquet, coupées à nouveau par le consultant, et la carte du dessus est mise à la place N° 3.

De nouveau, les cartes sont mises en paquet, coupées et la carte du dessous de la coupe est placée sous le N° 4. Cette manœuvre est constamment répétée, prenant alternativement la carte du dessus de la moitié inférieure du paquet et celle du dessous de la moitié supérieure, jusqu'à ce qu'il y ait suffisamment de cartes pour compléter la Grande Étoile.

Après chaque coupe, le paquet supérieur doit être placé sous le paquet inférieur, chacun d'eux devant changer de place à tour de rôle.

Pour lire cette figure, il faut prendre les cartes par paires, en commençant par la rangée extérieure, allant de gauche à droite, dans le sens contraire des aiguilles d'une montre. Ainsi 14 et 16 ; 21 et 19 ; 15 et 17 ; 20 et 18. Le cercle intérieur est ensuite divisé par paires, en direction opposée, de droite à gauche, dans le sens régulier des aiguilles d'une montre. Ainsi 10 et 6 ; 12 et 9 ; 11 et 7 ; 13 et 8 ; les quatre cartes centrales sont lues par paires, ainsi : 4 et 2 ; 5 et 3, et la dernière carte : 22 est prise individuellement. Toutes les cartes sont lues en relation spéciale avec la place que chacune d'elles occupe par rapport à l'Indicatif.

Généralement, les modifications venant de la position sont comme suit : directement au-dessus de l'Indicatif, les cartes révèlent des possibilités de succès et d'exécution ; directement au-dessous, elles disent ce qui se sait à l'extérieur. A la droite de l'Indicatif, il s'agit de la réalisation possible des désirs ; à la gauche, les obstacles et l'opposition à redouter. En plus de ces positions directes, il y a celles de droite et de gauche, au-dessus ; de droite et de gauche, au-dessous, en oblique.

Celles qui sont à droite au-dessus indiquent les signes secourables ; à droite, en bas, ce qui s'accomplit selon le désir du consultant. A gauche, au-dessus, apparaîtront les obstacles à venir ; à gauche, en bas, ceux du passé.

Dans la lecture de la Grande Étoile, quelques indications générales sont fournies par les groupes : trois ou quatre

LA GRANDE ÉTOILE

Rois, Dames, Valets ou As donnent une idée générale qui doit être prise en considération en lisant les Cœurs.

Un exemple de la lecture d'une Grande Étoile est donné par Foli de la manière suivante : « Le consultant est représenté par le Roi de Cœur, un homme blond, la main ouverte, de bon naturel, et les paires sortent dans l'ordre suivant : Dame de Carreau et Roi de Pique (14 et 16) ; Valet de Cœur et As de Carreau (21 et 19) ; Neuf de Trèfle (renversé) et Dame de Trèfle (15 et 17) ; Valet de Pique et Huit de Carreau (renversé) (20 et 18) ; As de Pique et Dame de Pique (6 et 10) ; Valet de Carreau et Roi de Trèfle (8 et 13) ; Neuf de Carreau (renversé) et Valet de Trèfle (7 et 11) ; As de Cœur et Dix de Pique (4 et 2) ; Neuf de Pique et Dix de Cœur (5 et 3) ; l'As de Trèfle est le 22.

« Là, le consultant est en relation avec le (14), la Dame de Carreau, femme blonde avec tendance au flirt ; elle s'amuse avec (16) un homme très brun, probablement un homme de Loi ambitieux et peu scrupuleux, qui est hostile au consultant.

« La paire suivante montre le Valet de Cœur, représentant l'Amour ou la pensée de la personne que cela concerne, liée avec (19) l'As de Carreau, une bague de mariage. Cette importante affaire occupant ses pensées l'amène à offrir un petit cadeau : le Neuf de Trèfle (renversé) à (17) la Dame de Trèfle, une charmante femme brune qui est le véritable objet de ses affections.

« Le Valet de Pique (20) qui figure un représentant de la Loi, ou les pensées d'un homme de Loi astucieux, est néfaste et (18) Huit de Carreau (renversé) empêche la réussite amoureuse du consultant, (6) As de Pique le met en garde contre de faux amis qui veulent détruire ses projets matrimoniaux, et au (10) nous trouvons l'un d'eux, la Dame de Pique, veuve qui a, peut-être, des desseins personnels sur lui.

« Le Valet de Carreau (renversé) (9) essaye de faire naître une querelle entre le consultant et son meilleur ami (12) le Roi de Trèfle, et (8) la Dame de Cœur, personne blonde, aimable, qui possède (13) Huit de Trèfle, l'affection d'un homme brun (7). Le Neuf de Carreau (renversé) parle d'une querelle amoureuse entre le (11) Valet de Trèfle (renversé) et un flirt sans importance.

« Le consultant aura avec (4) l'As de Cœur une lettre d'amour, mais à son bonheur succédera par le (2) Dix de Pique une carte de mauvais présage. (5) Le Neuf de Pique annonce du chagrin ou de la maladie, peut-être un décès. Mais (3) le Dix de Cœur combat le mal et promet le bonheur au consultant qui triomphera des obstacles et trouvera (22) bonheur en Amour et dans la Vie. »

On voit que les cartes de mauvais augure prennent peu de poids quand elles sont associées à celles de bon augure. L'indication générale des groupes est, ici, tout à fait propice.

Une autre méthode, l'Etoile Simple (voir fig. p. 61), se fait avec quinze cartes en tout.

Pour lire le jeu avec cette méthode, mettre l'Indicatif en premier, dans la position du centre marqué C (consultant).

Battez les cartes comme indiqué précédemment et faites couper le paquet en trois par le consultant. Les cartes ainsi coupées doivent être retournées et employées comme base pour le dessin de l'Étoile. De la portion centrale du paquet, prenez la première carte ainsi exposée et placez-la sur 1. De la portion gauche, prenez la carte du dessus pour 2 ; de la

L'ÉTOILE SIMPLE

portion droite, la carte du dessus pour 3. La quatrième carte est prise sur la portion centrale, et ainsi de suite, jusqu'à ce qu'on en ait tiré douze.

Pour déterminer la treizième et la quatorzième carte, refaites le paquet et faites battre et couper par le consultant. Prenez, alors, la carte de dessus de la coupe inférieure pour la treizième, et la carte de dessous de la coupe supérieure pour la quatorzième. Elles doivent être placées immédiatement sur l'Indicatif, comme le montre la figure.

Ces deux cartes donnant des indications très importantes, doivent, finalement, dévoiler le proche avenir.

La signification générale de chaque carte peut être donnée dans la lecture, avec les modifications apportées par les positions respectives des autres.

Une autre méthode, recommandée par Minetta, se nomme « la Semaine ». Choisissez d'abord l'Indicatif et placez-le au centre. Battez les trente et une cartes restantes. Faites-les couper par le consultant. Prenez alors sept cartes à la suite, la première étant aussi la première du paquet une fois coupé et rassemblé.

Ces sept cartes sont disposées en demi-cercle au-dessus de la carte du consultant, au commencement à gauche. Cela rappelle un peu un champignon à courte queue ! Chaque carte doit être couverte par une autre. Les cartes qui recouvrent les faces non visibles peuvent être placées sur les premières, dans n'importe quel ordre. On les dit alors par paires, en partant de la gauche.

Voici un exemple donné par Sepharial :

Première paire : Sept de Pique et Dix de Cœur. Ceci indique un départ de la ville. Suivantes : Sept de Carreau et Neuf de Pique : maladie d'un enfant ou d'un animal favori.

Après viennent l'As de Carreau et le Roi de Trèfle : lettre d'un homme brun ; Huit de Cœur et Neuf de Trèfle : invitation à des réjouissances ; Dix de Carreau et As de Trèfle : lettre avec de l'argent. Finalement, le Roi et la Dame de Cœur : visite d'un couple marié. L'ensemble paraît assez bon ; il n'y a que deux Piques, et l'un d'eux est neutralisé par un Cœur. Sans le Cœur, ce Pique aurait pu signifier un changement, un départ dans de mauvaises conditions, par exemple danger de maladie.

Dans le jeu de cartes ordinaire, si le Roi de Trèfle représentant le consultant se trouve entre l'As de Carreau et le Dix de Cœur, le pronostic est particulièrement favorable : le consultant est à la veille d'un très heureux mariage.

Au contraire, si les cartes qui l'encadrent sont le Neuf de Pique et l'As de Pique renversé, il faut s'attendre à des événements néfastes. Le consultant est en danger de mort, ou tout au moins de grave maladie.

Une autre Étoile intéressante utilise treize cartes. Ceux qui croient au pouvoir cabalistique du nombre Treize doivent adopter cette méthode (fig. p. 63).

Placez l'Indicatif, face en haut, sur la table. Battez les trente et une cartes qui restent, coupez en trois, remarquez avec soin les cartes de chaque groupe, prenez note si, dans la distribution, elles viennent sur l'Indicatif ou près de lui, ou près de la carte de la Maison, c'est-à-dire l'As de Cœur. Si les cartes de la coupe sont bonnes, c'est un présage heureux ; si elles sont mauvaises, il n'y a aucun espoir d'éviter les ennuis.

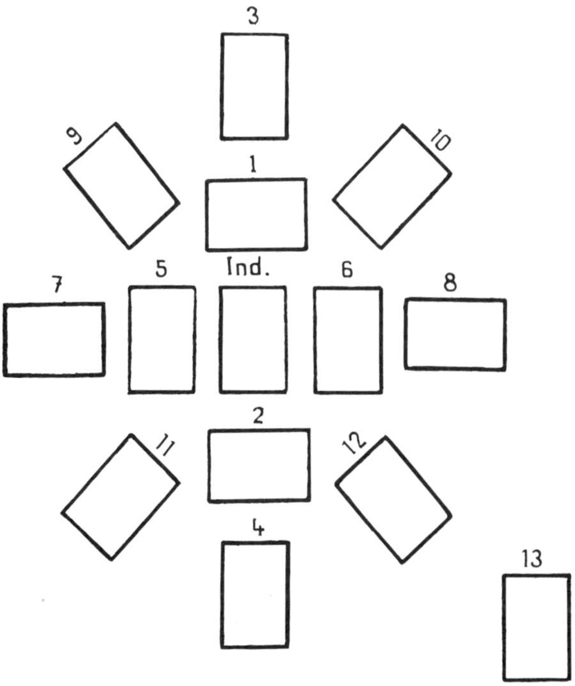

(Sur l'Indicatif)

L'ÉTOILE DE TREIZE CARTES

Après avoir pris en note les cartes des coupes, remettez-les dans leur ordre premier, avant de continuer.

Placez-en deux à la tête de l'Indicatif, deux aux pieds et une sur lui, deux à droite, deux à gauche et une à chacun des quatre coins, ce qui fait, en tout, treize cartes, dans l'ordre montré par la figure.

Si le Neuf de Cœur se trouve dans les treize cartes, il signifie bonne chance pour le consultant et réussite dans ses désirs. Les cartes qui couronnent l'Indicatif prédisent l'avenir proche ; aux pieds : le passé ; à gauche : les obstacles ; à droite : l'avenir lointain ; coins en haut : détails du présent ; coins en bas : détails du passé ; la carte posée sur l'Indicatif apporte la consolation.

Dans la figure page 64, la Dame de Carreau (mariée) est la consultante supposée.

Couronnant cette Dame de Carreau, il y a le Huit de Pique, et au-dessus le Roi de Carreau. Sur sa gauche, le Sept de

EXEMPLE DE LECTURE

Carreau et le Dix de Pique : la consultante a été inquiète lors de la maladie de son enfant. A ses pieds, le Neuf de Carreau et le Valet de Pique : le médecin est venu. Sur la droite, le Dix de Cœur et le Dix de Trèfle : un déplacement à la campagne est nécessaire à la guérison de son enfant. Quand il s'agit de la Dame de Cœur, ses ennuis sont de courte durée.

La méthode ci-dessus est très utile pour déterminer les détails d'une affaire, même s'il s'agit de personnes non présentes. Placez toujours la carte représentant le sujet sur lequel vous voulez être informé au centre et mettez les cartes autour de lui, comme nous l'avons indiqué. Si l'on veut des informations concernant la maison, l'As de Cœur doit être utilisé comme Indicatif. Les affaires sont représentées par l'As de Pique ; un voyage par le Dix de Trèfle ; un enfant, un animal, par le Sept de Carreau ; les lettres et les papiers d'affaires par l'As de Trèfle.

L'ÉTOILE DE QUINZE

Prenez le paquet de trente-deux cartes et choisissez la carte type. Placez-la, face dessus, au centre de la table.

Le consultant doit battre soigneusement le paquet et le couper une fois de la main gauche. Prenez le paquet, étalez-le en éventail et faites choisir quinze cartes par le consultant une à une, face cachée, qu'il pose, avec soin, en tas, l'une sur l'autre. Mettez de côté les cartes qui restent, reprenez les quinze choisies, face dessus. Placez la première carte à gauche de la carte type qui représente le consultant ;

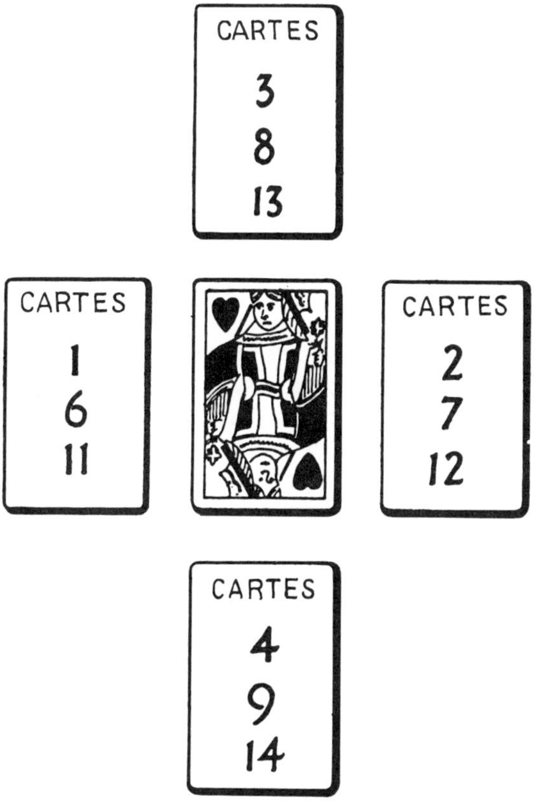

Les cartes 5, 10 et 15 sont placées au centre de l'étoile.

L'ÉTOILE DE QUINZE

la seconde à droite ; la troisième dessus et la quatrième dessous, formant ainsi une croix simple. La cinquième carte est alors placée sur la carte type elle-même.

Posez de la même manière les cartes suivantes, puis les cinq cartes finales. La carte type aura ainsi trois cartes sur chacun de ses quatre côtés, cependant que les cinquième, dixième et quinzième cartes la recouvriront. Prenez, maintenant, chaque paquet de trois cartes un à un. Lisez la signification des cartes d'après le tableau que nous avons donné plus haut, en prenant soin de noter les cartes renversées, ainsi que les paires ou les triples. Notez aussi soigneusement si deux ou plus des trois cartes de chaque paquet appartiennent à une même série, car cela affecte grandement le résultat.

Le paquet de trois cartes à gauche doit être lu le premier : il représente le passé immédiat du consultant ; ensuite, le paquet à droite qui concerne le futur immédiat. Cela fait, on peut, à son gré, lire les trois cartes du haut qui dévoilent le passé plus lointain qui, par conséquent, est plus ou moins affecté par votre lecture du paquet de gauche. Par comparaison, il est possible de voir s'il y a amélioration dans le destin du consultant ou aggravation.

Prenez ensuite les trois cartes du bas, relatives à l'avenir plus éloigné. Après lecture de leur signification et avoir noté les cartes renversées, les paires, les triples et la fréquence de la même suite, comme précédemment, vous devez comparer ces trois cartes avec celles de droite et déterminer ainsi vers quoi tendra l'avenir. Supposons, par exemple, que — en dehors de leur signification particulière — il y ait deux Piques dans le paquet de droite et aucun dans le paquet du bas ; le consultant peut alors joyeusement espérer une diminution des difficultés, quelles qu'elles soient, qu'il rencontre actuellement. Les trois cartes qui recouvrent la carte type donnent la réponse à toute question posée par le consultant. Elles ne s'appliquent ni au passé ni au futur et on ne doit pas les lire d'après leur signification particulière. Guidez-vous par le sens général des séries auxquelles elles appartiennent, en faisant les réserves nécessaires si on se trouve en présence de deux ou trois cartes de même valeur.

Terminons cet exposé des méthodes continentales par le fameux Temple de la Fortune de M. Etteila, qui nous propose une merveilleuse méthode.

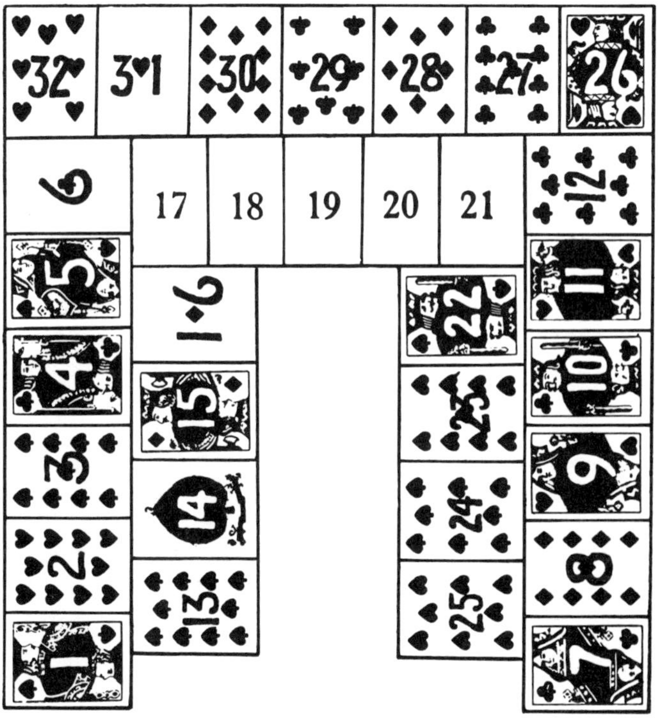

LE TEMPLE DE LA FORTUNE

La valeur et le sens des cartes sont ceux de Mlle Lenormand (Chapitre II). Le Temple de la Fortune est amusant et facile : les trente-deux cartes sont utilisées suivant la méthode même d'Etteila, battues vivement et coupées par le consultant, puis posées dans l'ordre indiqué sur la figure. Les cartes numérotées de un à six, puis de treize à seize, indiquent le passé ; les six cartes du côté opposé, puis de vingt-deux à vingt-cinq, indiquent le futur ; tout ce qui reste se réfère au présent. On peut aussi considérer que les trois rangs intérieurs de treize à vingt-cinq représentent plus particulièrement la vie intérieure du consultant, cependant que les cartes extérieures ont trait à sa vie matérielle : travail, affaires, etc.

CHAPITRE VI

QUELQUES MÉTHODES SIMPLES MAIS EFFICACES

LE PASSÉ, LE PRÉSENT ET LE FUTUR

Le jeu de trente-deux cartes est bien battu par le consultant et coupé de la main gauche, en deux paquets, égaux ou inégaux, à son gré. Après la coupe, les deux restent d'abord séparés. La carte de dessus de chacun d'eux est mise de côté, face cachée ; ces deux cartes deviendront l'habituelle Surprise. Les deux paquets sont alors réunis, et divisés en trois, de dix cartes chacun, qui représentent respectivement le Passé (à gauche), le Présent (au centre) et le Futur (à droite). Les dix cartes du premier tas, le Passé, sont alignées de gauche à droite. On note d'abord leur contenu en paires, triples ou quadruples, d'après notre tableau des significations. Il vous faut observer soigneusement toutes les cartes renversées, car elles tendent à diminuer le bien ou à augmenter le mal, suivant le cas. On considère, généralement, ces cartes comme les signes d'occasions perdues. Enfin, la prédominance de telle ou telle série (ou couleur) représente un important appoint à la Divination : les Trèfles étant les plus bénéfiques et les Piques étant les plus maléfiques. La prédominance d'une couleur indique les degrés de succès pour le consultant : apogée, espérance, néant. Après ces préliminaires, les cartes doivent être lues individuellement et révèlent leurs différentes significations, de droite à gauche.

Les cartes représentant le Passé ayant été examinées, on passe ensuite au Présent, puis à l'Avenir, en procédant de la même façon. Finalement, la Surprise est retournée. Elle indique quel événement inattendu surviendra pour influencer la vie et la fortune du consultant.

LES QUATRE AS

C'est une méthode très simple pour répondre à une seule question. Les trente-deux cartes sont bien battues par le consultant, on pose alors treize cartes sur la table, face dessus, et on enlève les As. On les range côte à côte, face dessus. Le reste du jeu, y compris ce qui reste des treize cartes, est alors rebattu ; on en retire de nouveau treize cartes et on enlève les As. On peut recommencer une troisième fois, sans plus. Plus vite les As apparaissent, plus la consultation est favorable. Si les quatre As sont dans les treize premières cartes, la chance favorise exceptionnellement le consultant. S'ils sont sortis après les treize secondes, tout va bien. Il arrive, en général, que le troisième essai ne donne pas le complément attendu après le second.

Il est important de noter l'ordre dans lequel les As apparaissent. Cet ordre montre clairement les difficultés à surmonter avant que la question posée reçoive une réponse satisfaisante. Par exemple, si l'As de Pique arrive en premier, le consultant doit s'attendre à trouver des obstacles, même si les quatre As apparaissent au premier essai.

Cette méthode est très utile, car elle permet à plusieurs questions d'être résolues en un temps très court et ne nécessite pas le recours à un tableau des significations. Il est cependant préférable de limiter les questions à trois, parce que l'abus de consultations enlève aux cartes leur efficacité.

Il existe une autre méthode, simple, qui répond à une question. Il faut utiliser le paquet complet de cinquante-deux cartes. Prélevez d'abord la carte type représentant le consultant, Roi ou Dame. Faites battre à fond les cinquante et une cartes et faites-les couper en trois tas vers la droite avec la main gauche. Lors de la première coupe, le consultant range le tas qui constitue le haut du paquet sur la droite, ensuite il coupe le dernier tas en deux. Le cartomancien prend en main le tas du centre (originellement le milieu du paquet), face dessous, y ajoute le tas de droite (originellement le dessus du paquet) et met finalement, sur le tout, le tas de gauche. Puis il dispose, en cercle, les quarante-deux cartes, faces cachées, et compose un triangle à l'intérieur avec les neuf qui restent. Le consultant retourne, alors, quinze cartes à son choix et les remet face dessus, au fur et à mesure, dans les mêmes positions.

Cela fait, on les interprète d'après le nombre de cartes tirées de chaque série.

LES SEPT RÉPONSES

Les trente-deux cartes doivent être battues et coupées une fois avec la main gauche, comme d'habitude. Le consultant doit exprimer un vœu pendant ce même temps.

Les cartes sont alors distribuées l'une après l'autre, de façon à former sept tas, dont six en demi-cercle, toutes faces dessous. Le septième tas est placé dans le centre du demi-cercle, face dessus. Les sept tas représentent : « Vous-même » (c'est-à-dire le consultant), « Votre Maison », « Ce que vous attendez », « Ce que vous n'attendez pas », « La Surprise », « Ce qui se réalisera sûrement », « Ce que vous désirez ». Notons que quatre tas contiennent cinq cartes et trois seulement quatre. Les tas doivent être faits de gauche à droite, la première carte commençant le premier tas à gauche et la septième finissant, face dessus, au centre.

Quelques cartomanciens utilisent cette méthode avec seulement dix-sept cartes. Le paquet est de même battu et coupé, mais on n'utilise que les premières dix-sept cartes. Cette méthode est certainement plus simple, les tas ne comptant chacun que deux ou trois cartes. Elle est aussi plus facile, les cartes variant beaucoup plus par rapport à chacune des séries. Si vous employez tout le jeu de trente-deux, vous avez nécessairement huit cartes de chaque couleur, tandis que si vous n'en prenez que dix-sept, il est évident que la prépondérance de n'importe quelle série affectera beaucoup la lecture. Quelques cartomanciens soutiennent que les sept paquets faussent le problème en utilisant deux rubriques telle que « Ce que vous n'attendez pas » et « La Surprise ». La sixième rubrique est également peu convaincante ; elle semble bien avoir été inventée pour compléter le nombre impair. Les mêmes cartomanciens n'utilisent que treize cartes du paquet de trente-deux et ne font que cinq tas : « Vous-même », « Votre Maison », « Ce que vous attendez », « La Surprise », « Ce que vous désirez ».

LES PRÉVISIONS POUR UNE SEMAINE

Le consultant doit battre soigneusement le paquet et couper de la main gauche, en trois tas. On prend alors la carte face dessous du dessus de chaque tas, à partir de celui de gauche, et on commence une rangée de quinze. Ce qui reste est rebattu, recoupé et la même manœuvre recommence. Elle se répète cinq fois, de sorte que quinze cartes, face dessous, sont ainsi alignées de gauche à droite. On retourne alors la première et la dernière carte. Leur sens s'applique au jour suivant. La couleur de ces cartes doit montrer si le jour qui vient sera fait d'heur ou de malheur.

Dans beaucoup de cas, le sens particulier des cartes n'est pas retenu. C'est la méthode utilisée sur le continent pour déterminer, simplement, les jours fortunés ou infortunés de la semaine, dimanche étant le premier de ces jours.

Souvenez-vous que les cartes des extrémités sont les plus importantes ; par exemple, un Pique, à droite, et un Trèfle, à gauche indiquent un mauvais commencement de journée, mais une meilleur fin. Inversement, un Trèfle à droite et un Pique à gauche, indiqueront une matinée heureuse suivie d'un après-midi calamiteux. Quand on utilise cette méthode simple, il est inutile de consulter les listes de significations, ce qui représente un grand avantage ; c'est donc une excellente méthode, analogue à celle que nous avons déjà décrite et qui répondait aux questions suivant la couleur des cartes désignées. Retournons donc quatorze cartes, deux par deux, sauf la carte centrale. Il faut noter, par écrit, les valeurs en points de chaque paire de cartes, pour le cas où l'enquêteur s'occuperait ce jour-là d'affaires ou de toutes questions relatives aux chiffres. Par exemple, si un Neuf de Pique et un Sept de Cœur représentent les cartes du mardi suivant (le troisième jour), tout ce qui se rapporte à neuf ou à un multiple de neuf doit être écarté, alors que ce qui se rapporte à sept ou à un multiple de sept doit être recherché. Si l'on vous demande, alors, un rendez-vous, fixez le sept, le quatorze, le vingt et un ou le vingt-huit du mois. Si le *septième jour*, c'est-à-dire le mardi suivant, tombe le neuf, le dix-huit ou le vingt-sept du mois, ces jours seront de mauvais augure et il faudra prendre grand soin de ne pas les choisir. De même si le quatorze, le vingt et un ou le vingt-huit du mois tombent neuf jours après la consultation, il sera prudent de ne rien entreprendre à cette date.

Une telle abondance de précisions doit permettre à votre consultant d'éviter toutes les mésaventures et de faire bon usage des chances qui se présenteront.

La quinzième carte doit répondre à une question orale. La couleur détermina la réponse : « Oui », « Probablement », « Douteux » ou « Non ». Sa valeur est de très grande importance, car le nombre qu'elle représente doit avoir une influence fatale, de toute façon, sur la question posée. Cette influence, néanmoins, n'est sensible que durant la semaine en question, de sorte que si la carte-réponse est un Pique, conseillez à votre client d'attendre pour réaliser ses projets qu'un temps plus favorable lui soit indiqué.

RÉPONSE A TROIS QUESTIONS

Méthode simple, qui ne demande aucune consultation des tables de significations. Le paquet de trente-deux cartes, bien battu par l'enquêteur, est coupé en trois parts inégales. On couvre le paquet du centre avec celui de dessus et le tout avec le paquet de dessous. Puis on étale les cartes en éventail, face cachée, de façon à ce qu'aucune carte n'empêche sa voisine d'être visible. L'enquêteur doit penser à la question qu'il veut poser, en même temps qu'il choisit trois cartes, qu'il place face cachée sur la table.

Puis il pense à une seconde question, prend sept cartes et les place à part, une à une, face cachée. Pour la troisième question, il choisit, de nouveau, treize cartes. Le reste du paquet est retiré.

On retourne les trois premières cartes. Dans cette méthode, plus la valeur des cartes est basse, moins le consultant trouvera d'obstacles et plus il sera sûr de réussir.

Les couleurs affectent aussi le résultat, mais l'essentiel est indiqué par la valeur des cartes ; par conséquent, l'As, comptant pour Un, c'est-à-dire la plus basse, est la meilleure du paquet.

On procède de même pour les sept cartes suivantes, puis pour les treize retournées, l'une après l'autre, et considérées séparément. Cette méthode, simple et rapide, de Divination ne peut, évidemment, s'appliquer qu'à des questions bien définies.

DIVINATION PAR LES OBSTACLES

Faites battre le paquet de trente-deux cartes et couper une seule fois. Choisissez la carte type qui représentera l'enquêteur et tenez en main le reste du paquet, face dessous. La carte type est placée au centre de la table. La première carte du paquet est retournée et placée au-dessus de la carte type, la seconde carte au-dessous. La troisième à gauche, la quatrième à droite. La cinquième carte recouvre la carte type. On met alors de côté huit cartes ensemble. Puis on ajoute une carte à chacune des cinq, dans le même ordre que précédemment : dessus, dessous, à gauche, à droite et sur la carte type.

Enlevez et mettez à l'écart les huit cartes suivantes et posez finalement les cinq dernières, une par une, sur les tas déjà formés. Lisez chaque tas l'un après l'autre, en commençant par celui qui est à la tête de la carte type.

Cherchez les paires et les triples, la couleur dominante, et soit que les quatre cartes de Cour (l'As étant compté ici parmi elles, parce que cette méthode est plus ancienne que la précédente) ou les quatre cartes les plus basses — celles représentant les efforts personnels de l'enquêteur — soient prédominantes, les premières indiqueront aide et protection, les secondes ingérence étrangère.

DIVINATION PAR PAIRES ET TRIPLES

Cette méthode n'est pas très ancienne, mais elle est très jolie, efficace et digne de confiance.

Le paquet de trente-deux cartes doit être bien battu et coupé en trois de la main gauche, puis reconstitué, comme nous l'avons montré avec la précédente méthode, le centre devenant le dessous. Les cartes ainsi préparées sont tenues de la main gauche et les trois premières cartes retournées. Si elles renferment deux ou trois cartes de la même valeur ou trois cartes de la même couleur, elles sont alors alignées face dessus. Les cartes non utilisées sont mises de côté. On répète la même manœuvre jusqu'à ce que le paquet soit épuisé.

Les deux dernières cartes sont jointes à celles que l'on a mises de côté et ce nouveau tas est bien battu et coupé trois fois, toujours par l'enquêteur, jamais par l'interprète, dont le rôle est de donner, d'arranger les cartes et d'expliquer leur signification.

Les cartomanciens clairvoyants font des prédictions merveilleusement exactes, sans se soucier, apparemment, de la signification officielle des cartes.

On recommence, une seconde fois, le choix des paires et des triples, que l'on aligne à la suite des autres, et enfin une troisième et dernière fois.

En examinant la rangée ainsi constituée, vous pouvez vous faire une opinion générale des perspectives qui s'offrent au consultant, par l'étude des séries dominantes et l'abondance des cartes de Cour ou des cartes simples. Vous pouvez pousser l'interprétation plus loin et réunir les cartes deux par deux, en en prenant une à chaque extrémité, ce qui peut toujours se faire quand les cartes sont alignées en une seule rangée, quel que soit le moyen utilisé pour les choisir. Il faut cependant ne jamais oublier que la carte à droite est plus active et plus positive que celle de gauche.

Une méthode de Divination très rapide, quoique peut-être un peu grossière, consiste à faire choisir par l'enquêteur treize cartes au hasard, après que le paquet a été bien battu et coupé une fois. Elles sont placées dans l'ordre où elles ont été choisies, face dessus, de gauche à droite. La réponse à la question est donnée par les couleurs prédominantes, le nombre de cartes de Cour ou celui des cartes simples. S'il y a un nombre égal de cartes appartenant à deux séries ou davantage (avec treize cartes, il ne peut y avoir un nombre égal de cartes de Cour et de cartes simples), vous donnerez la préférence à la série qui a le plus de cartes sur la droite de la rangée, celles-ci étant plus actives et plus agressives.

DIVINATION PAR LES PIQUES

Le paquet doit être battu et coupé en trois et reconstitué comme précédemment. On retourne le paquet, face dessus, ce qui diffère de la plupart des méthodes de Divination, où les cartes sont généralement données en partant du haut du paquet, face dessous. Chaque carte qui n'est pas un Pique est mise de côté, face dessus, pour former un nouveau paquet. Aussitôt qu'on trouve un Pique, il est également mis de côté, mais la carte qui le suit immédiatement est alignée face dessus, afin de constituer la rangée nécessaire. Si deux ou plusieurs Piques arrivent à la suite, le premier seulement est écarté, le ou les suivants s'ajoutent à la rangée, ainsi que la carte suivant immédiatement le lot de Piques.

On continuera ainsi jusqu'à épuisement du paquet. On reprend le tas de cartes mises de côté, et on recommence, *mais sans les battre à nouveau.*

Cette manœuvre est répétée une troisième fois. Il faut ensuite chercher la carte type. Si elle n'est pas déjà dans la rangée, il faut la trouver et l'ajouter à l'extrémité. On compte alors la troisième, la septième et la treizième carte depuis la carte type, la carte type comptant chaque fois pour Un. Ces trois cartes ne sont pas enlevées de la rangée, mais peuvent êtres abaissées un peu au-dessous des autres, car elles vont former un trio dominant.

Ce décompte est fait vers la gauche. Si vous atteignez la dernière carte (la première posée de la coupe), vous revenez à l'extrémité droite et vous continuez ainsi votre décompte s'il y a lieu. Mais il arrive souvent que les trois cartes dominantes soient atteintes avant que vous n'arriviez à l'extrémité gauche. De ces trois cartes, celle qui se trouve le plus près de la droite est la plus puissante. La carte maîtresse, troisième, septième ou treizième carte, dépend clairement de la position dans la rangée de la carte type elle-même.

En général, on admet que cette méthode s'applique seulement aux événements proches, ne dépassant pas un mois.

Un procédé assez semblable est utilisé en Angleterre avec le paquet de cinquante-deux cartes, mais au lieu d'utiliser les Piques, vous prenez pour guides les points des cartes, l'As comptant pour Un.

Le paquet, battu et coupé en trois, reconstitué comme précédemment, vous donnez les cartes en partant du haut, les retournant au fur et à mesure en les posant l'une sur l'autre. Cependant, vous comptez à haute voix : un, deux, trois, quatre, cinq, six, sept, huit, neuf, dix, Valet, Dame, Roi. Si une carte de n'importe quelle couleur se trouve au moment précis où l'on donne sa valeur, par exemple si la cinquième carte est réellement un Cinq, elle est placée dans la rangée nécessaire, et l'on continue à compter.

Quand le paquet est épuisé, les cartes mises de côté sont reprises et distribuées de la même façon. Mais il faut prendre grand soin, la seconde fois, de vous rappeler à quelle carte vous vous êtes arrêté. Lorsque vous recommencez pour la troisième fois, vous ne repartez pas à Un, mais vous continuez à partir du nombre où vous vous étiez arrêté.

Outre les cartes qui sortent au moment où elles sont appelées, vous ajoutez aussi à la rangée toutes les cartes qui arrivent par trois ou davantage à la suite, que ce soit ou non leur numéro d'ordre.

Ainsi, trois Dix, trois Cinq seront ajoutés simplement, parce qu'ils se suivent et sont de valeur égale. Mais trois Cœurs ou trois Piques n'ont aucun intérêt, parce que cette méthode ne tient aucun compte des couleurs avec les cartes de la rangée. On forme ensuite une croix grossière : la carte de l'extrémité gauche formant le haut, la carte suivante le bas, la troisième l'aile droite, la quatrième l'aile gauche. Les quatre cartes suivantes sont ajoutées suivant le même ordre : haut, bas, droite, gauche, jusqu'à emploi total des cartes choisies.

On lit d'abord la branche du haut — les prédictions sont supposées venir les premières —, puis celle du bas, enfin la droite, puis la gauche. Cette dernière, naturellement, concerne le futur éloigné. Vous pouvez, en gros, compter pour chaque branche une quinzaine de jours.

LA DÉCISION PAR LES AS

Le paquet de trente-deux cartes bien battu, coupé en trois et reconstitué, on retourne trois cartes à la fois. Si un As apparaît, ou la carte type représentant l'enquêteur, ou la carte du Désir (Neuf de Cœur), ces trois cartes doivent être sorties et placées face dessus. On continue jusqu'à ce que l'on ait les six cartes, c'est-à-dire : les quatre As, la carte type et la carte du Désir. Les séries de trois cartes ne contenant pas une ou plusieurs des six cartes nécessaires doivent être écartées. Quand les cartes nécessaires sont obtenues, il faut les rassembler avec les autres, les rebattre, les couper et donner une fois de plus par groupes de trois, ne retenant que les groupes qui contiennent une ou plusieurs des six cartes nécessaires. On recommence une troisième fois. Si les six cartes sont obtenues dans les limites d'un total de neuf cartes (ou moins), le Désir sera exaucé. S'il a fallu douze cartes, le résultat est douteux. S'il a fallu plus de douze cartes, la réponse est négative. Moins il faut de cartes, plus rapide et décisif sera le résultat.

Nous donnons ci-dessous le compte rendu d'une consultation véritable qui montrera comment il faut procéder. La carte type était le Roi de Trèfle. Les trois premières cartes retournées se trouvaient être le Roi de Carreau, l'As de Pique et le Roi de Trèfle. Elles furent conservées, parce qu'elles contenaient à la fois un As et la carte type. Les trois secondes donnaient le Roi de Pique, la Dame de Pique et le Dix de Carreau, rejetées comme inutiles. Les troisièmes étaient le Dix de Cœur, le Six de Carreau et le Roi de Cœur, rejetées aussi. Les quatrièmes étaient : le Sept de Pique, le Huit de Pique et l'As de Carreau, gardées. Les cinquièmes contenaient le Neuf de Carreau, le Huit de Trèfle et l'As de Trèfle, gardées. Les sixièmes étaient le Valet de Trèfle, le Dix de Pique et l'As de Cœur, gardées. Les septièmes complétaient le tout car elles comprenaient le Valet de Pique, le Neuf de Cœur et le Cinq de Trèfle.

Le reste du paquet fut ajouté aux cartes rejetées et les quinze cartes alignées, face dessus, ayant été rassemblées, bien battues et de nouveau données par trois, on obtint le résultat suivant :

D'abord l'As de Pique, le Neuf de Cœur et le Valet de Pique ; ensuite le Dix de Pique, l'As de Cœur et le Neuf de Carreau. Ils furent suivis par le Roi de Carreau, le Cinq de Trèfle et le Valet de Trèfle, immédiatement rejetés, à la grande satisfaction de l'enquêteur. Puis vinrent le Sept de Pique, l'As de Carreau et le Huit de Trèfle, gardés. Finalement, le Huit de Pique, l'As de Trèfle et le Roi de Trèfle furent aussi gardés. Ces douze cartes, rassemblées et battues pour la troisième fois, devaient donner le résultat définitif.

Le résultat fut le suivant. D'abord : As de Cœur, Neuf de Cœur et Roi de Trèfle, très bon départ, donnant immédiatement trois des cartes nécessaires. Ensuite : Neuf de Carreau, Valet de Pique et Huit de Trèfle, obstacles ou difficultés, car aucune de ces cartes n'étant bénéfique, leur ensemble indique clairement des retards. Venaient alors : As de Trèfle, As de Pique et Dix de Pique, détruisant tout espoir de succès immédiat. Mais les trois dernières cartes donnaient en premier l'As de Carreau, permettant ainsi de terminer avec la dixième carte. Cette conclusion est excellente et promet le succès après un petit délai ou une petite difficulté.

En vérité, on s'estime toujours heureux lorsque les six cartes fatales sont sorties à la onzième carte. Six ou sept révélerait une étonnante fortune, inattendue ; huit ou neuf est une chance extrême ; dix ou onze, c'est tout à fait satisfaisant ; douze ou treize, très douteux ; quatorze ou quinze, assurément négatif.

Il y a une autre façon d'obtenir une réponse par les As qui est généralement appréciée et considérée comme digne de confiance.

Le paquet, bien battu, n'est coupé qu'une fois de la main gauche. On donne alors treize cartes, on les retourne et on retient les As s'il y en a (les As seulement). On rebat, recoupe et l'on donne encore treize cartes, dont on retire les As. On recommence une troisième fois. Si, dans ces trois distributions, on trouve les quatre As, l'enquêteur peut être certain que son désir sera réalisé.

Si les As sont assurés dès la seconde ou dès la première (ce qui est très rare), le résultat, naturellement, sera beaucoup plus favorable. Si l'on ne sort que trois As, le résultat restera douteux. Si l'on en trouve moins de trois, il n'y a aucune chance d'obtenir ce que l'on souhaite.

Avec une autre méthode prenant les As pour base, plus perfectionnée, un résultat favorable n'est pas aussi facilement obtenu. Levez d'abord les quatre As, la carte type pour l'enquêteur, le Neuf de Pique pour la déception et une septième carte qui représente la question elle-même. S'il s'agit d'argent, prenez le Dix de Carreau ; d'affaires, le Dix de Trèfle ; d'une femme, la Dame de sa couleur ; d'un homme, le Roi correspondant. Pour un désir d'ordre général, prenez le Valet de la série de l'enquêteur qui représentera sa pensée.

Ces sept cartes, battues mais non coupées, sont rangées face dessous. Les cartes qui restent sont alors bien battues et coupées une fois, puis retournées par groupes de sept, afin de trouver la carte du Désir : le Neuf de Cœur. Si cette carte apparaît dans le premier groupe de sept, posez-la à la gauche des autres et retournez la carte qui la suit dans la rangée des cartes fatales. Si le Neuf de Cœur n'apparaît pas dans les sept premières cartes, recommencez jusqu'à ce que vous le trouviez. Si la carte ainsi retournée est le Neuf de Pique, l'enquête est immédiatement arrêtée par réponse énergiquement négative. Si la carte retournée n'est pas le Neuf de Pique, on bat de nouveau les sept cartes et on en retourne une seconde. Si le fatal Neuf de Pique est encore évité, on recommence une troisième fois. Si la carte de la Déception apparaît la seconde fois, l'échec n'est pas aussi définitif que la première, mais le signe reste négatif. Si on la découvre la troisième fois, il y a encore une chance de succès si l'enquêteur se donne la peine de le vouloir.

Les méthodes que nous venons d'étudier sont bien connues et d'un usage universel, mais dans le présent chapitre, nous avons donné quelques procédés très efficaces et en même temps parfaitement simples. Nous attirons spécialement l'attention sur le fait que quatre de ces méthodes peuvent être employées tout de suite par le débutant puisqu'il n'est pas nécessaire de connaître à fond les significations. Ce sont : « Les quatre As », « Les Événements d'une semaine », « Réponse à trois questions » et « Décision par les As ».

CHAPITRE VII

NAPOLÉON ET LES CARTES

On sait que Napoléon était très superstitieux et qu'il avait une foi inébranlable en son Étoile, en sa Destinée. Dans son enfance, la puissance de son génie balayait tout autour de lui, encore que les biographies du grand Empereur soldat nous apprennent que sa mère le fessait de cette généreuse manière propre aux temps anciens, ne le considérant que comme un enfant volontaire et ingouvernable. Peut-être fit-il, à la fin, trop confiance à la « Chance » ? Il est certain qu'un livre connu aujourd'hui sous le titre : *Livre de la Destinée de Napoléon*, ne le quittait pas. C'est un curieux recueil de recettes superstitieuses sur les sujets les plus variés, tels que les verrues, le Temps, l'Astrologie, la Chiromancie, les Jours de Chance, les Dés, les Dominos, les Rêves, les Charmes, la Divination par les cartes, etc.

Ce livre est très répandu et nous en extrairons les méthodes que Napoléon utilisait pour connaître l'avenir par le moyen des cartes.

L'ordre et la valeur comparative des différentes séries sont indiqués comme suit :

En premier : Trèfles, car ils présageaient le plus souvent le Bonheur — quelle que soit leur valeur et quelles que soient les cartes qui les accompagnent, ils sont rarement ou même jamais de mauvais augure.

Ensuite, viennent les Cœurs, qui signifient en général joie, générosité, bon caractère.

Les Carreaux marquent les délais, les querelles, les contrariétés.

Les Piques — la plus mauvaise de toutes les séries — sont le signe du chagrin, de la maladie, de la perte d'argent.

Ceci, de façon générale, car dans bien des cas la position des cartes change entièrement leur signification, leur signification individuelle et leur signification relative étant souvent entièrement différentes. Par exemple, le Roi de Cœur, le Neuf de Cœur et le Neuf de Trèfle représentent respectivement un homme généreux, la joie, le succès en amour. Changez leur position en plaçant le Roi entre les deux Neuf, et vous lirez qu'un homme, riche et heureux, sera avant peu mis en prison.

Le sens individuel attaché aux trente-deux cartes est le suivant :

As de Trèfle. — Joie, grande fortune, bonnes nouvelles. Renversé : la joie sera de courte durée.

Roi de Trèfle. — Homme franc, généreux, affectueux, droit et fidèle, serviable. Renversé : il aura un emploi, une nomination.

Dame de Trèfle. — Femme affectueuse, au tempérament vif ; pourrait devenir assez amoureuse pour abandonner sa virginité à un amant généreux, heureux et amoureux. Elle se mariera. Renversée : c'est une femme jalouse et méchante.

Valet de Trèfle. — Jeune homme intelligent, généreux et sincère. Renversé : flirt sans danger, un flatteur.

Dix de Trèfle. — Grande fortune, succès ou grandeur. Renversé : échec dans une petite affaire.

Neuf de Trèfle. — Gain inattendu, legs. Renversé : présent insignifiant, désaccord avec vos amis.

Huit de Trèfle. — Affection d'une personne brune qui peut devenir une cause de grande prospérité. Renversé : un sot qui ne peut donner aucun bonheur.

Sept de Trèfle. — Promesse de fortune ou dette supprimée de façon inattendue. Renversé : la même chose, mais très diminuée.

As de Cœur. — Une lettre d'amour ou des nouvelles agréables. Renversé : la visite d'un ami.

Roi de Cœur. — Blond de teint clair, généreux. Renversé : désillusion.

Dame de Cœur. — Femme douce, aimable, d'une grande beauté. Renversée : amour contrarié.

Valet de Cœur. — Jeune célibataire, gai, qui ne pense qu'au plaisir, aime les courses. Renversé : militaire mécontent.

Dix de Cœur. — Bonheur, triomphe. Renversé : petite anxiété.

Neuf de Cœur. — Joie, satisfaction, succès. Renversé : chagrin passager.

Huit de Cœur. — Affection d'une personne blonde. Renversé : indifférence de cette même personne.

Sept de Cœur. — Heureux mariage pour vous, pensées agréables, tranquillité. Renversé : ennui et fatigue.

As de Carreau. — Personne aimant l'exercice, la campagne, le jardinage. Signifie aussi nouvelles par lettre. Renversé : mauvaises nouvelles.

Roi de Carreau. — Homme blond, de caractère emporté, généralement militaire. Rusé et dangereux. Renversé : menaces pour vous, du fait de ses machinations.

Dame de Carreau. — Femme mal élevée, aimant le scandale, instable. Renversée : redoutable.

Valet de Carreau. — Domestique bavard ou ami infidèle. Renversé : cause d'ennuis et de malheurs.

Dix de Carreau. — Couple marié ayant une grande fortune et de nombreux enfants ; voyage ; changement de résidence. Renversé : le changement ne sera pas heureux.

Neuf de Carreau. — Contrariétés, retards. Renversé : querelle de famille ou d'amour.

Huit de Carreau. — Affaire d'amour. Renversé : échec de cette affaire.

Sept de Carreau. — Vous passerez les plus heureux de vos jours dans le pays où vous êtes et vous y connaîtrez un bonheur sans fêlure. Renversé : vous serez impliqué dans un absurde scandale.

N.B. — Pour savoir si l'As, le Dix, le Neuf, le Huit et le Sept de Carreau sont renversés, désignez par une petite marque au crayon le haut de la carte.

As de Pique. — Plaisir, amusement. Renversé : chagrin, mauvaises nouvelles.

Roi de Pique. — Homme envieux ; ennemi ; homme de loi. Renversé : méchanceté impuissante.

Dame de Pique. — Veuve amoureuse. Renversée : femme dangereuse et méchante.

Valet de Pique. — Jeune homme brun, mal élevé. Renversé : il complote quelque méchanceté.

Dix de Pique. — Carte de mauvais augure, larmes, prison. Renversé : chagrin de courte durée.

Neuf de Pique. — Nouvelles d'une mort. Renversé : il s'agit d'un parent proche.

Huit de Pique. — La plus malchanceuse des cartes ; approche de la maladie. Renversé : mariage rompu ou offre refusée.

Sept de Pique. — Petites contrariétés, perte d'un ami. Renversé : intrigue ridicule.

Les cartes de Cour, de Cœur et de Carreau représentent, en général, des personnes au teint clair ; les Trèfles et les Piques, des personnes brunes.

Quatre As arrivant ensemble. — Bonnes nouvelles. S'ils sont renversés : sottises.

Deux As. — Complot. Renversés : il échouera.

Quatre Rois. — Récompenses, dignités, honneurs. Renversés : cela viendra plus vite, mais sera de moindre importance.

Trois Rois. — Consultation sur des affaires importantes et résultat hautement satisfaisant. Renversés : le succès sera douteux.

Deux Rois. — Association en affaires. Renversés : dissolution de l'association. Il se peut que cela concerne seulement des projets avec des amis.

Quatre Dames. — Compagnie, société. Si l'une ou davantage sont renversées : la réunion sera décevante.

Trois Dames. — Visite le matin. Renversées : bavardages, scandales ou tromperies.

Deux Dames. — Rencontre d'amies. Renversées : pauvreté, difficultés où une amie entraînera une autre.

Quatre Valets. — Réunion bruyante de jeunes gens. Renversés : ivresse finissant en querelles.

Trois Valets. — Faux amis. Renversés : querelles avec une personne de situation inférieure.

Deux Valets. — Mauvaises intentions. Renversés : danger.

Quatre Dix. — Grand succès dans les entreprises projetées. Renversés : succès moins brillant, mais cependant certain.

Trois Dix. — Conduite inconvenante. Renversée : échec.

Deux Dix. — Changement de commerce ou de profession. Renversés : espérances qui ne concernent que l'avenir.

Quatre Neuf. — Joie, fortune, santé. Renversés : fortune perdue par la faute d'un mariage imprudent.

Deux Neuf. — Petit gain. Renversés : petites pertes au jeu.

Quatre Huit. — Court voyage. Renversés : retour d'un ami ou d'un parent.

Trois Huit. — Idées de mariage. Renversés : sottise, flirt.

Deux Huit. — Rêve d'amour de courte durée. Renversés : petits plaisirs et peines légères.

Quatre Sept. — Intrigues parmi les domestiques ou les gens de situation inférieure, menaces, pièges, disputes. Renversés : la méchanceté de ces gens sera impuissante. Ils en seront punis.

Trois sept. — Maladie, vieillesse prématurée. Renversés : légère et brève indisposition.

Deux Sept. — Légèreté. Renversés : regrets.

N'importe quelle carte ou figure, placée entre deux autres de valeur égale, comme deux Dix, deux As, indique que la personne ainsi représentée court le risque d'aller en prison.

Il n'est pas besoin de grands efforts pour retenir ces significations, mais il faut se rappeler qu'elles sont ce que l'alphabet est au livre imprimé. Un peu d'attention et de pratique ne tarderont pas à transformer ces signes en mots, ces mots en phrases, permettant de lire sur les cartes assemblées les événements passés et à venir.

Il y a plusieurs méthodes. Nous les donnerons toutes, afin d'offrir un grand choix à nos lecteurs.

1. DONNER LES CARTES PAR TROIS

Prenez le paquet de trente-deux cartes comprenant bien : As, Roi, Dame, Valet, Dix, Neuf, Huit et Sept de chaque série. Choisissez celle qui doit vous représenter, en supposant que vous faites un essai pour votre profit personnel. Sinon, elle représentera la personne consultante. Rappelez-vous que la carte choisie doit s'accorder avec la nature physique du consultant : Roi ou Dame de Carreau pour les très blonds ; Cœur pour ceux qui tirent sur le châtain clair ; Trèfle pour les bruns ; Pique pour les très bruns. La carte choisie perd aussitôt sa signification propre, pour ne représenter que la personne en cause.

Ce point fixé, battez les cartes, coupez ou faites couper pour vous (suivant que vous jouez pour vous ou pour une autre personne, en prenant soin de vous servir de la main gauche).

Puis retournez les cartes par trois. Chaque fois que vous en trouverez deux de la même série — deux Cœurs, deux Trèfles, etc. — retirez la plus forte carte et placez-la sur la table devant vous.

Si les trois cartes sont toutes de la même série, retirez toujours la plus forte.

Si les trois cartes sont toutes de la même valeur, mais de différentes couleurs — trois As, trois Rois, etc. — on les retient toutes.

Supposons que, après avoir ainsi retourné les cartes trois par trois, vous en ayez retiré six, il en reste vingt-six que vous battez, coupez. Retournez de nouveau par trois, comme précédemment. Vous recommencez jusqu'à ce que vous en ayez obtenu soit treize, soit quinze, soit dix-sept.

Rappelez-vous que le nombre de cartes retenues doit toujours être impair et que la carte représentant le consultant doit être comptée pour une. Si, dans les treize, quinze ou dix-sept cartes requises, celle-la n'est pas sortie, l'opération doit être recommencée.

Supposons que notre consultant soit la Dame de Cœur et que nous ayons quinze cartes étalées en demi-cercle, dans l'ordre où elles ont été tirées, c'est-à-dire : le Sept de Trèfle, le Dix de Carreau, le Sept de Cœur, le Valet de Trèfle, le Roi de Carreau, le Neuf de Carreau, le Dix de Cœur, la Dame de Pique, le Huit de Cœur, le Valet de Carreau, la Dame de Cœur, le Neuf de Trèfle, le Sept de Pique, l'As de Trèfle et le Huit de Pique. Vous trouvez deux Dames, deux Valets, deux Dix, trois Sept, deux Huit et deux Neuf ; vous pouvez donc annoncer :

Deux Dames : réunions d'amies ; deux Valets : discordes entre eux. Les deux Dix prévoient un changement de profession qui, parce que l'un d'eux est entre deux Sept, ne s'effectuera pas sans quelque difficulté, dont la cause sera, d'après les trois Sept, la maladie. Deux Neuf promettent un petit gain, obtenu d'après les deux Huit, grâce à une affaire d'amour.

Comptez maintenant sept cartes, en partant de la droite vers la gauche et en commençant par la Dame de Cœur consultante. La septième étant le Roi de Carreau, vous pouvez dire :

« Vous pensez souvent à un homme blond en uniforme. »

La deuxième septième carte (en comptant le Roi de Carreau pour Un) est l'As de Trèfle. Vous ajoutez :

« Vous recevrez de lui de très joyeuses nouvelles et il a l'intention de vous faire un cadeau. »

Comptez l'As de Trèfle pour Un et continuez jusqu'à la nouvelle septième carte, la Dame de Pique. Vous reprenez :

« Dans cette affaire avec le Roi de Carreau, une veuve essaye de vous nuire. »

Puis la septième carte, en comptant la Dame comme étant une, étant le Dix de Carreau, vous continuez :

« Le tourment dont elle est cause vous obligera, ou à faire un voyage, ou à changer de résidence, mais (le Dix de Carreau étant emprisonné entre deux Sept) votre voyage ou votre déménagement rencontrera quelques obstacles. »

Continuant à compter de la même façon, en comptant le Dix de Carreau pour Un, vous arrivez à la septième carte qui est la Dame de Cœur elle-même. Concluez donc en toute sécurité :

« Mais vous surmonterez ces obstacles, vous-même, sans l'aide ou assistance de personne. »

Prenez maintenant les deux cartes des deux extrémités du demi-cercle, respectivement le Huit de Pique et le Sept de Trèfle, réunissez-les et continuez :

« Une maladie vous fera toucher une petite somme d'argent. »

Répétez la même manœuvre, As de Trèfle et Dix de Carreau :

« Bonnes nouvelles qui vous décideront à faire un voyage très heureux, et qui vous donnera l'occasion de recevoir une somme d'argent. »

Les prochaines cartes réunies, le Sept de Pique et le Sept de Cœur, vous dites :

« Tranquillité et paix d'esprit suivies d'une légère anxiété, rapidement dissipées par l'amour et le bonheur. »

Ensuite, Neuf de Trèfle et Valet de Trèfle prédisent :

« Vous recevrez certainement de l'argent, grâce aux efforts d'un jeune homme brun, intelligent — Dame de Cœur et Roi de Carreau — qui vient de la part de l'homme blond en uniforme. Cette rencontre annonce un grand bonheur qui vous attend et la complète réussite de vos désirs — Valet de Carreau et Neuf de Carreau —, quoique cet heureux résultat soit retardé un certain temps par le fait d'un jeune homme blond qui manque de délicatesse. Huit de Cœur et Dix de Cœur : Amour, joie et triomphe. La Dame de Pique reste seule, c'est la veuve qui essayait de vous faire du mal, mais elle se trouve abandonnée par tous ses amis ! »

Ramassez alors les cartes dont vous vous êtes servi, battez-les et coupez avec la main gauche. Distribuez-les alors une à une en trois paquets, sauf la quatrième de la première distribution que vous réservez à part, et qui sera la « Surprise ». Ces paquets sont : un à droite, un à gauche, le dernier au milieu.

Lorsque vous avez terminé, vous trouvez cinq cartes au paquet de gauche et à celui du milieu, et quatre à celui de droite.

Demandez à votre consultante de choisir un des trois paquets pour elle-même. Supposons qu'elle désigne celui du milieu. Les cartes qu'il contient sont : le Valet de Carreau, le Roi de Carreau, le Sept de Pique et le Sept de Trèfle. En nous rappelant les significations individuelles et relatives des cartes, nous les interprétons facilement.

« Valet de Carreau : jeune homme blond, sans délicatesse, qui essaye de nuire au Roi de Carreau, homme blond en uniforme — Sept de Pique — et réussira à lui causer quelque contrariété — Dame de Pique — à l'instigation d'une femme malveillante — Sept de Trèfle — mais l'offre d'une petite somme d'argent permettra d'arranger les choses. »

Prenez ensuite le paquet de gauche, « Pour la maison ». Il est constitué par la Dame de Cœur, le Valet de Trèfle, le Huit de Cœur, le Neuf de Carreau et l'As de Trèfle. On les lira ainsi :

« Dame de Cœur — cette dame (la consultante) est ou sera bientôt dans une maison — Valet de Trèfle — où elle rencontrera un jeune homme brun qui — Huit de Cœur — lui demandera son assistance auprès d'une jeune fille blonde — Neuf de Carreau — il a subi des retards, il a été déçu — As de Trèfle — mais une lettre arrive, apportant la certitude d'une possession d'argent, ce qui lève toutes les difficultés. »

Le troisième paquet est : « Pour ce que l'on n'attendait

pas ». Il est composé de quatre cartes, disons : Dix de Cœur, Neuf de Trèfle, Huit de Pique, Dix de Carreau, ce qui signifie :

« Dix de Cœur — réussite et bonheur — Neuf de Trèfle — causé par un héritage inattendu — Huit de Pique — cette joie pourra être suivie d'une légère maladie — Dix de Pique — à la suite d'un voyage fatigant. »

Il ne reste plus que la carte gardée pour la Surprise. Celle-ci, néanmoins, ne doit pas encore être touchée. Les autres cartes sont rassemblées, et de nouveau réparties en trois paquets, en n'oubliant pas à la première distribution d'ajouter une carte à la « Surprise ».

Après lecture des différents paquets, comme nous l'avons montré précédemment, on les rassemble, on les bat, on rajoute une carte à la « Surprise » et on répète l'opération des trois paquets.

Puis, les trois cartes formant la « Surprise » sont examinées à leur tour. Supposons qu'elles contiennent le Sept de Cœur, le Valet de Trèfle, la Dame de Pique. Voici comment les interpréter :

« Sept de cœur — pensées agréables et intentions amicales — Valet de Trèfle — jeune homme brun — Dame de Pique — une femme méchante, ou veuve, qui lui causera beaucoup d'ennuis. »

2. DONNER LES CARTES PAR SEPT

Battez les trente-deux cartes comme dans le jeu précédent. Coupez-les vous-même, si vous agissez pour votre compte, ou par votre consultant s'il s'agit de lui, en prenant soin que ce soit de la main gauche.

Comptez sept cartes, en commençant par la première du paquet. Ne gardez que la septième, que vous placez face dessus devant vous. Les autres sont mises de côtés. Répétez cela trois fois encore, puis battez et coupez les cartes mises de côté, réunies avec celles qui restent dans votre main. Recommencez à les prendre par sept, en ne gardant que la septième, jusqu'à ce que vous ayez obtenu douze cartes. Il est cependant indispensable que celle qui doit représenter la personne consultante soit parmi ces douze. Si elle est absente, toute l'opération est à recommencer.

Vos douze cartes, au complet, étant déployées devant

vous, dans l'ordre où elles sont sorties, vous pouvez les expliquer de la même manière que dans le paragraphe N° 1 : « Donnez les cartes par trois ». N'oubliez jamais leurs significations individuelles ou relatives. Comptez d'abord les cartes par sept, en commençant par la personne représentée, et en allant de droite à gauche. Puis prenez les deux cartes à chaque extrémité du demi-cercle, réunissez-les, faites ensuite les trois tas et la « Surprise », comme nous l'avons déjà décrit. La seule différence entre les deux méthodes, c'est la manière dont les cartes sont obtenues.

3. DONNER LES CARTES PAR QUINZE

Battez et coupez, comme nous l'avons déjà dit, puis divisez en deux paquets de seize cartes chacun. Priez la personne qui vous consulte d'en choisir un. Mettez de côté la première carte pour la « Surprise » ; retournez les quinze autres et rangez-les en demi-cercle, de gauche à droite, dans l'ordre où elles se présentent. Si la carte du consultant ne s'y trouve pas, il faut tout recommencer, jusqu'à ce que la carte manquante apparaisse dans le paquet choisi.

Expliquez d'abord en interprétant les paires, triples, quartes, qui s'y trouvent. Ensuite, comptez par sept, de droite à gauche, en commençant par la carte du consultant. Prenez enfin les cartes de chaque extrémité, toujours comme nous l'avons déjà expliqué. Puis rassemblez les quinze cartes, battez, coupez, et donnez de façon à former trois paquets de cinq cartes chacun. A chacun des paquets, vous retirez la carte du dessus et la placez sur celles déjà mises à part pour la « Surprise ». Il vous reste donc quatre paquets de quatre cartes chacun. Priez le consultant de choisir un de ces paquets pour « lui-même ». Retournez-le et alignez les quatre cartes de gauche à droite, en expliquant leur signification individuelle et relative.

Procédez de la même manière avec le paquet de gauche, qui sera « Pour la maison », puis avec le troisième : « Pour ce que l'on n'attend pas ». Finalement, la « Surprise ».

Afin de rendre notre interprétation parfaitement claire, donnons un exemple.

Supposons que le paquet choisi « pour soi-même » soit composé du Valet de Cœur, de l'As de Carreau, de la Dame de Trèfle et du Huit de Pique renversé. Avec la liste de significations que nous avons donnée, il sera facile de les interpréter comme suit :

« Le Valet de Cœur est un jeune célibataire joyeux — l'As de Carreau — il écrit ou écrira bientôt une lettre à — la Dame de Trèfle — une femme brune — Huit de Pique renversé — on lui fera des propositions qui seront repoussées. »

En relisant la liste des significations, on trouvera :

Valet de Cœur. — Un jeune célibataire qui ne pense qu'au plaisir.

As de Carreau. — Lettre qu'on recevra bientôt.

Dame de Trèfle. — Femme affectueuse, mais de tempérament vif et susceptible.

Huit de Pique renversé. — Mariage rompu ou une offre repoussée.

On se rendra compte ainsi que chaque carte fournit un élément de phrase, une phrase, et qu'un peu de pratique permettra de constituer des phrases complètes.

Donnons un autre exemple, en interprétant la signification des trois autres paquets : « Pour la maison », « Pour ce que l'on n'attend pas » et la « Surprise ».

Dans le premier, « Pour la maison », nous supposerons qu'il renferme la Dame de Cœur, le Valet de Pique renversé, l'As de Trèfle et le Neuf de Carreau. On lit ainsi :

« La Dame de Cœur est une femme blonde, douce et d'aimable caractère, qui — Valet de Pique renversé — sera trompée par un jeune homme brun, mal élevé — l'As de Trèfle — mais elle recevra de bonnes nouvelles qui la consoleront — Neuf de Carreau — bien que ce soit avec du retard. »

Le paquet « Pour ce que l'on n'attend pas » retient la Dame de Carreau, le Roi de Pique, l'As de Cœur renversé, ce qui signiferait :

« La Dame de Carreau est une femme qui sème la discorde — le Roi de Pique — et qui est liguée avec un homme de loi malhonnête — As de Cœur renversé — ils auront une consultation ensemble — Sept de Pique — mais le mal qu'ils feront sera vite réparé. »

A la fin vient la « Surprise », formée, supposons-le, du Valet de Trèfle, du Dix de Carreau, de la Dame de Pique, et du Neuf de Pique, pour lesquels nous dirons :

« Valet de Trèfle, jeune homme intelligent et entreprenant — Dix de Carreau — sur le point de faire un voyage — Dame de Pique — dans le but de rendre visite à une veuve — mais leur vie à l'un ou à l'autre ou à tous les deux sera en danger. »

4. LES VINGT ET UNE CARTES

Battez les trente-deux cartes, coupez ou faites couper, de la main gauche. Retirez du paquet les onze premières cartes et mettez-les de côté. Le reste, vingt et une, doivent être de nouveau battues et coupées. Après quoi, enlevez celle du dessus, pour former la « Surprise », et étalez les vingt qui restent devant vous, dans l'ordre où elles arrivent. Vérifiez si la carte du consultant est sortie ; sinon, prenez au hasard une des onze cartes rejetées et mettez-la à l'extrémité de la rangée, où elle représente la carte manquante, quelle qu'elle soit.

Nous allons cependant supposer que le consultant est un officier, par conséquent représenté par le Roi de Carreau. Les vingt cartes rangées devant vous sont : la Dame de Carreau, le Roi de Trèfle, le Dix de Cœur, l'As de Pique, la Dame de Cœur renversée, le Sept de Pique, le Valet de Carreau, le Dix de Trèfle, le Roi de Pique, le Huit de Carreau, le Roi de Cœur, le Neuf de Trèfle, le Valet de Pique renversé, le Sept de Cœur, le Dix de Pique, le Roi de Carreau, l'As de Carreau, le Sept de Trèfle, le Neuf de Cœur, l'As de Trèfle.

Procédons à l'examen de ces cartes, dans leurs positions respectives. Les quatre Rois nous permettent de prédire que de grandes récompenses attendent le consultant et qu'il atteindra de hautes dignités. Les deux Dames, dont une est renversée, annoncent la réunion de deux amies affligées ; les trois As annoncent de bonnes nouvelles ; les trois Valets, dont un renversé, des querelles avec une personne de situation inférieure ; les trois Dix, une conduite inconvenante.

Vous expliquerez alors les cartes en commençant par la première à gauche, la Dame de Carreau : « La Dame de Carreau est une femme malicieuse et mal élevée — le Roi de Trèfle — essayant de gagner l'affection d'un homme estimable et digne — Dix de Cœur — et elle triomphera de ses scrupules. As de Pique — l'affaire fera quelque bruit —

Dame de Cœur renversée — charmante femme blonde en ressentira une profonde détresse, car elle aime le Roi de Trèfle — Sept de Pique — mais son chagrin ne sera pas de longue durée. Valet de Carreau — serviteur infidèle — Dix de Trèfle — s'enfuira avec une somme d'argent considérable — Roi de Pique — sera jugé — Huit de Carreau — mais non condamné et sauvé par une femme. Le Roi de Cœur — homme blond de disposition généreuse — Neuf de Trèfle — recevra une grosse somme d'argent — Valet de Pique renversé — qui l'exposera à la méchanceté d'un jeune homme brun fort grossier. Sept de Cœur — pensées agréables, suivies par — Dix de Pique — un grand chagrin. Le Roi de Carreau qui est le consultant — attend un homme en uniforme — l'As de Carreau — une lettre qu'il recevra sous peu — Sept de Trèfle — contenant une petite somme d'argent — Neuf de Cœur — lui redonnera de l'espoir — As de Trèfle — qui sera encore justifié par de bonnes nouvelles. »

Maintenant, retournez la « Surprise », que nous supposerons être l'As de Cœur — carte qui prédit un grand bonheur causé par une lettre d'amour —, mais les quatre As indiquent que cette joie soudaine sera suivie de grandes infortunes.

Rassemblez les cartes, battez, coupez et formez trois paquets, comme précédemment, mettez de côté la « Surprise ». Les deux premiers paquets seront composés chacun de sept cartes et le troisième de six. Priez le consultant d'en choisir une et étalez les cartes, de gauche à droite, en les expliquant comme nous l'avons déjà montré. Rassemblez les cartes de nouveau, battez, coupez, formez trois paquets, plus la « Surprise », et procédez comme la première fois. Répétez toute l'opération une fois de plus ; prenez alors les trois cartes formant la « Surprise » et interprétez-les. Il faut noter que, quelle que soit la façon dont les cartes sont données, en trois, sept, quinze ou vingt et une, quand les petites cartes prédominent (sept, huit, neuf), cela signifie le succès ; si les trèfles sont en majorité, ils prédisent le gain, une fortune considérable, etc. ; si ce sont les cartes de Cour : dignité, honneurs ; les Cœurs : contentement, bonnes nouvelles ; les Piques : mort ou maladie. Ces significations sont nécessairement très vagues et doivent naturellement être rectifiées par la position des cartes.

CHAPITRE VIII

DE QUELQUES MÉTHODES PEU CONNUES

LE SYSTÈME LUNAIRE

Nous avons récemment découvert une méthode peu connue de tirer les cartes, et comme elle est à la fois simple et intéressante, nous avons demandé la permission de la publier et de l'expliquer.

Il faut utiliser le paquet de cinquante-deux cartes et le faire battre consciencieusement par l'enquêteur. Nous avons appris, avec intérêt, que cette méthode peut servir à la prévision de notre futur personnel immédiat, bien que cela soit interdit, ou au moins que l'on dissuade de le faire, dans la plupart des autres systèmes.

Après avoir bien mêlé le paquet, il faut retenir quelle est la dernière carte, car elle va jouer le rôle d'« Indicatif », c'est-à-dire qu'elle représentera le consultant. Puis le paquet coupé une fois de la main gauche, il faut noter quelles sont les deux cartes de la coupe, car elles représentent, l'une, la dernière du paquet, le consultant, comme nous l'avons dit, et l'autre, ses pensées, désirs ou ce qu'il estime être le plus important pour lui. Cela peut être n'importe quoi : une affaire, un amour, la maladie grave d'un ami ou de soi-même. Rebattez le jeu et prenez alors sept cartes, une par une, face dessus en rang, de gauche à droite. Placez ensuite trois rangées semblables, les unes au-dessous des autres, de façon à former un carré de vingt-huit cartes.

Voici maintenant ce qui demande un peu de soin et de réflexion, mais quand on a compris, c'est tout à fait simple. Le carré représente un mois lunaire, au-delà duquel les cartes ne pourront plus vous guider, et où rien ne pourra servir la Divination, si vous ne pouvez fixer la position des deux cartes visibles au moment de la coupe : la première représentant l'enquêteur et la seconde ses pensées. Cherchez si une des cartes « personnelles » ou les deux occupent une place dans le carré lunaire. Si vous avez de la chance, et qu'elles soient sorties, vous pouvez, tout de suite, chercher le sens du carré de la façon qui vous sera expliquée plus loin.

Si vous ne trouvez qu'une seule carte personnelle, il vous est permis de continuer, comme nous allons l'expliquer, en espérant que la seconde carte sortira. La rangée dans laquelle se trouve la carte personnelle déjà sortie ne doit pas être touchée, pas plus que celles qui sont au-dessus. De sorte que si cette carte personnelle est dans la rangée du bas, vous ne pouvez aller plus loin et devez « lire » les cartes telles qu'elles se présentent.

Si elle est dans la troisième rangée, en partant du haut, vous êtes libre de modifier la rangée du bas ; si elle est dans la seconde rangée, vous auriez les deux rangées du bas à votre disposition. Si elle tombe dans la rangée du haut, vous pouvez changer les vingt et une cartes qui suivent. Quelles que soient les rangées dont vous pouvez disposer, vous reprenez ce qui reste des cartes *n'ayant pas servi* et les mettez, une à une, *sur* celles qui sont déjà exposées, jusqu'à la vingt-huitième.

Pour rendre cet exposé plus clair, supposons qu'une des cartes personnelles apparaisse dans la rangée du haut ; à partir de la première carte de la seconde rangée, vous distribuez vingt-deux cartes, recouvrant ainsi les trois rangées du bas. Il ne vous reste plus que trois cartes en main, de sorte que, quoi qu'il arrive, vous ne pouvez allez plus loin. Vous devez alors lire les cartes comme elles se présentent, n'ayant qu'une des cartes personnelles pour vous guider, à moins que la seconde ne soit sortie au cours de cette seconde distribution. Mais, dans la plupart des cas, lorsqu'une des cartes personnelles se trouve placée dans la rangée du haut, sa compagne apparaît assez vite dans la seconde distribution des cartes.

Supposons maintenant que la première des cartes personnelles soit dans la seconde rangée, lors de la première pose des cartes. Vous couvrez, avec une carte du paquet inemployé, la première carte du troisième rang et continuez ainsi jusqu'à la fin du carré. Ceci représente l'addition de quatorze cartes, mais ne laisse toujours, cependant, que vingt-huit cartes visibles. Il est très probable alors que la seconde carte personnelle est sortie. Votre préparation est donc complète et vous lirez les cartes comme nous vous l'expliquerons plus loin.

Si la seconde carte personnelle ne s'est pas montrée, on vous permet un troisième essai. Mais il faut vous rappeler que vous n'avez plus que dix cartes en main et que vous devez couvrir une ou des rangées entières, ou pas du tout. Dans ce cas, au lieu de couvrir la première carte du troisième rang, vous laissez cette rangée intacte et placez les cartes fraîches sur la rangée du bas, ce qui vous laisse toujours trois cartes restantes. Vous procédez maintenant à votre lecture, que la seconde carte personnelle soit sortie ou non.

Si la première carte personnelle exposée est dans le troisième rang du carré originel, vous ne pouvez, naturellement, recouvrir que la rangée du bas, ce que vous faites. Quand vous aurez ajouté sept cartes, si la deuxième carte personnelle est sortie, vous vous arrêtez et faites votre lecture. Sinon, vous remettez sept nouvelles cartes. Vous pouvez faire cela trois fois quand vous n'avez qu'une rangée, mais vous arrêtez dès que sort la carte attendue, en prenant soin cependant de recouvrir toute la rangée.

Pour rendre ceci tout à fait clair, répétons : que vous ayez une, deux ou trois rangées de cartes à couvrir, vous devez continuer à poser des cartes fraîches jusqu'à la vingt-huitième du carré lunaire.

Selon votre chance, vous aurez toujours trois, dix, dix-sept ou vingt-quatre cartes dans la partie inutilisée.

Pour lire les cartes du carré final, vous considérez chaque carte *comme étant une journée*, bien que ce ne soit pas exactement vrai, car il arrive fréquemment que le résultat attendu arrive graduellement, et non soudain.

Examinez particulièrement les cartes placées entre les deux cartes personnelles. Votre lecture dépendra des suites et du fait que les cartes sont des cartes de Cour ou des cartes ordinaires.

Pour cette méthode, les cartes Rouges sont favorables et les Noires mauvaises. Mais les Cœurs sont plus puissants que les Carreaux, cependant que les Trèfles sont moins dangereux que les Piques.

Supposons, par exemple, que vous trouviez quatre cartes Rouges entre les deux cartes personnelles : la prédiction vous est immédiatement favorable. Plus grande est la séquence ininterrompue de cartes Rouges, meilleur est le résultat.

Naturellement, vous examinerez les suites avant de conclure, parce que trois Cœurs successifs sont aussi bons que quatre Carreaux et, en certains cas, meilleurs.

D'autre part, une séquence ininterrompue de cartes Noires signifie toujours « non ».

Là, encore, il faut examiner le nombre de cartes de la séquence et à quelles séries elles appartiennent. Par exemple, deux ou trois Trèfles, sans Pique, peuvent indiquer que le résultat dépasse les limites dans le temps du carré lunaire, sans que ce résultat soit mauvais. En ce cas, conseillez à votre consultant d'espérer et de travailler dans le même sens, car rien ne se mettra en travers de son chemin pendant les quatre semaines qui viennent. Vous pouvez offrir de consulter les cartes de nouveau, mais pas avant quatorze jours. Si une seule carte personnelle est sortie dans le carré lunaire, vous lisez les cartes à partir d'elle, jusqu'à la carte finale. Vous dites alors que les événements prévus seront reculés au-delà des quatre semaines et qu'une nouvelle consultation, dans une quinzaine, aidera à éclaircir le problème. Les couleurs des cartes venant après la carte personnelle vous permettront d'encourager ou de décourager votre enquêteur.

Si aucune des cartes personnelles n'est sortie, vous ne pouvez rien prédire, les cartes doivent être consultées de nouveau et leur pronostic du jour se présente comme négatif ou défavorable.

Outre la question des couleurs, il faut également s'informer de la valeur des cartes. Les cartes de Cour représentent des personnes : le Roi et la Dame, des amis ; les Valets, des relations d'affaires ou des étrangers. N'oubliez pas non plus que les cartes les plus élevées : Six, Sept, Huit, Neuf et Dix, sont plus puissantes que les cartes basses : Deux, Trois, Quatre et Cinq. L'As est toujours très puissant.

Dans le cas d'un grand nombre de cartes séparant les deux cartes personnelles, ou quand une seule carte personnelle est sortie, il est permis d'annuler les cartes par couples, dans certaines conditions. Par exemple, un Cœur peut annuler un Pique correspondant, ou un Carreau annuler un Trèfle, mais on ne peut toucher les cartes de Cour ou les As. Vous pouvez former des paires avec Deux, Trois, Quatre, Cinq et n'importe quelle carte de la même rangée, ou avec Six, Sept, Huit, Neuf, Dix et n'importe quelle carte dans les mêmes conditions, suivant la règle des valeurs dans les séries. Ainsi, un Deux de Cœur et un Cinq de Pique peuvent former une paire et se retirer du carré lunaire, en même temps que toutes les cartes au-dessus d'elle, si la rangée a été recouverte. De même, vous pouvez former une paire avec un Dix de Carreau et un Huit de Trèfle, et ainsi de suite ; *n'importe lequel* des Carreaux les plus élevés peut former une paire avec *n'importe lequel* des Trèfles les plus élevés ; de même, les Cœurs avec les Piques. *N'importe laquelle* des cartes inférieures de Carreau peut former paire avec celles des Trèfles ; les Cœurs avec les Piques.

L'importance de ces paires et le fait qu'on les retire toutes s'avèrent bien plus grands dans la pratique que dans la théorie. Supposez, par exemple, que les deux cartes personnelles soient sorties avec neuf autres cartes entre elles, dont sept sont Rouges et deux Noires. Si, par chance, vous pouvez mettre en paires les deux cartes Noires avec deux cartes Rouges, vous aurez une série continue de *cinq cartes Noires*. Ceci n'est pas tout à fait aussi favorable qu'une séquence *originelle* de cinq cartes Rouges, mais cela montre que tous les obstacles *peuvent* être surmontés, et c'est le point important.

S'il s'agit, au contraire, de sept cartes Noires et de deux Rouges, les difficultés à surmonter seront infiniment plus grandes. Ce carré lunaire est si attrayant et si intelligent, en même temps que digne de confiance, que nous recommandons fortement son usage. Il a le mérite, en outre, d'être peu connu.

LA MÉTHODE DE SEPHARIAL

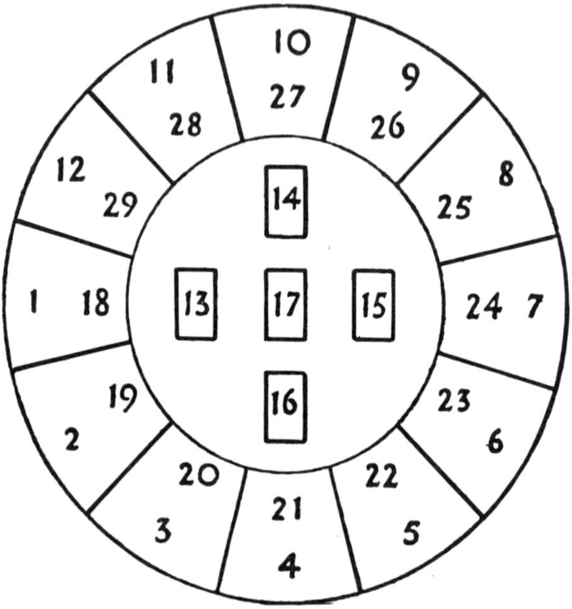

Cette méthode est basée sur la science chaldéenne des Horoscopes et elle utilise Douze Demeures Célestes et Signes comme moyens d'interprétation. En même temps, quatre positions centrales indiquent les abords immédiats de l'Indicatif. L'ordre dans lequel les trente-deux cartes sont données, après avoir été battues et coupées en trois paquets, est représenté dans la figure suivante.

Imaginez que l'Indicatif est au centre. Donnez les cartes dans l'ordre indiqué par les nombres de 1 à 29. Il vous restera trois cartes.

INTERPRÉTATION

Les numéros 1 et 18 représentent la condition personnelle du consultant : sa santé, ses capacités intellectuelles, le bien ou le mal qui peuvent l'affecter ;

2 et 19 indiquent s'il fera des gains ou des pertes ; les questions d'argent ;

3 et 30 se rapportent à sa correspondance, à de courts voyages, à ses voisins et sa famille ;

4 et 21 concernent la maison et le père ;

5 et 22 : les enfants, les plaisirs et les affaires domestiques ;

6 et 23 : les serviteurs, le confort matériel ;

7 et 24 : la qualité bonne ou mauvaise du mariage ; ce qui, dans cet ordre, est une aide ou un obstacle ;

8 et 25 : la situation matérielle de la femme ; tous les héritages possibles ;

9 et 26 : longs voyages ; nouvelles de l'étranger ou affaire à l'étranger ; mariages dans la famille ;

10 et 27 : le travail, la mère, la situation du consultant, ce qui l'aidera ou le bridera ;

11 et 28 : les amis et les associés ;

12 et 29 : les ennemis, les pertes, les désillusions, les privations ;

13, 14, 15, 16 et 17 : l'entourage immédiat du consultant ;

30, 31 et 32, les trois cartes restantes, donnent la conclusion du problème, si le consultant n'a posé qu'une question ; mais, en général, ces trois cartes indiquent dans quel sens penche la balance de la Fortune et ce qui interviendra dans la Destinée, en bien ou en mal.

Si l'As de Carreau tombe à la treizième place, l'As de Trèfle à la quatorzième, l'As de Cœur à la quinzième et l'As de Pique à la seizième, c'est l'étonnant augure d'une haute destinée et d'une grande réussite.

Il en est de même si les As tombent aux places 1, 10, 7, 4, en compagnie d'autres bonnes cartes. Ces positions sont nommées les angles. Si les cartes placées là sont bonnes, la Destinée sera remarquable et couronnée de succès. Mais si des Piques et de mauvaises combinaisons occupent les angles, il faut conseiller au consultant de lier sa fortune à celle d'une personne plus fortunée — par mariage, par association, de la meilleure façon possible.

Observez aussi que l'As de Carreau est bien placé quand il est dans la première position ; le Dix de Carreau dans la dixième ; l'As de Trèfle dans la dixième ; le Dix de Trèfle dans la septième ; l'As de Cœur dans la septième ; le Dix de Cœur dans la quatrième ; l'As de Pique dans la quatrième place et le Dix de Pique dans la première. Toutes ces positions sont bonnes et prédisent réussite et carrière honorable.

Quand des rois occupent les angles, la Destinée du consultant est dans une sphère élevée. Si ce sont des Dames, c'est l'indication que l'enquêteur subit trop l'influence des femmes et qu'il s'expose au scandale ; les Valets indiquent mauvaise renommée.

Les Dix et les As sont de bons présages dans les angles. Si la carte du Désir, le Neuf de Cœur, se trouve à la première ou à la dixième place, le consultant se verra comblé. S'il est à la septième place, c'est l'annonce de la réussite d'un mariage. A la quatrième, il s'agit d'un héritage à la fin de sa vie.

Le Neuf de Pique est uniformément mauvais, à moins qu'il ne tombe avec le Dix de Cœur, ce qui le corrige dans une certaine mesure.

On peut attendre beaucoup de bien des Dix de Cœur, As de Trèfle ou de Carreau, tombant dans la septième Maison (la Femme) ; la onzième (les Amis) ; la troisième (les Parents) ; la dixième (les Affaires), et ainsi de suite.

L'As de Pique et le Neuf de Carreau annoncent des accidents quand ils tombent dans la première et la dixième place. L'As de Pique et le Dix de Pique annoncent un grand chagrin et un deuil ; s'ils tombent dans la quatrième ou la dixième place, c'est une mort dans la famille ; dans la septième, celle de la femme, et ainsi de suite.

DONNER LES CARTES PAR SEIZE

Les trente-deux cartes sont battues et coupées par l'enquêteur, on les divise en deux paquets de seize cartes chacun et l'enquêteur en choisit un. La carte du dessus est alors enlevée et placée, seule, face dessous. Les quinze autres cartes sont retournées et rangées de gauche à droite. La carte type représentant l'enquêteur *doit* être parmi elles ; si elle n'y est pas, toutes les cartes doivent être rassemblées, rebattues, coupées, et l'on recommence jusqu'à ce que la carte type apparaisse dans les quinze désignées.

La lecture se fait de deux façons : premièrement, en notant toute paire, triple ou quarte, et en lisant leur signification d'après la table du système anglais. On les rassemble ensuite par paires, comme aux jeux précédemment indiqués, en prenant une carte à chaque extrémité de la rangée et en laissant une carte maîtresse, celle du Destin, pour la fin. Cette carte, comme dans certains des jeux précédents, a plus de puissance que n'importe laquelle des sept paires. Cela fait, les quinze cartes sont rassemblées et bien battues, puis données de façon à former trois paquets de cinq cartes. La carte de dessus de chacun d'eux est alors enlevée et ajoutée à la carte seule, face dessous, pour la Surprise. Nous avons donc ainsi quatre paquets de quatre cartes chacun. L'enquêteur choisit « Pour lui-même », un des trois paquets, sans toucher à celui de la « Surprise ». Les deux autres tas sont : celui de gauche pour la maison, et celui de droite pour une personne très proche de l'enquêteur. Enfin, la Surprise représente quelque chose que l'enquêteur n'attend pas.

QUELQUES MÉTHODES ITALIENNES

Le paquet de trente-deux cartes est bien battu et coupé une fois. On retourne trois cartes à la fois. Si elles sont toutes de la même série, on les place face dessus, de gauche à droite. S'il n'en sort que deux de la même série, la carte la plus haute est seule retenue. Si les trois sont de séries différentes, elles sont toutes rejetées. Quand le paquet a été ainsi distribué, les cartes rejetées sont rebattues, coupées et données de même une seconde fois, par trois. On répète l'opération jusqu'à ce qu'il y ait quinze cartes. Il faut cependant que la carte type représentant l'enquêteur soit sortie. Si elle est absente, continuez jusqu'à ce qu'elle sorte. Ce retard annonce des difficultés, des ennuis, des tourments.

S'il y a plus de quinze cartes dans la rangée complétée, n'en retenez cependant que quinze, en les comptant à partir de la dernière carte de droite qui, le plus souvent, sera naturellement la carte type elle-même, à moins qu'elle n'ait fait son apparition dans une série de trois de la même couleur, auquel cas (toutes les trois devant être ajoutées) une ou deux autres cartes pourraient se trouver à droite de la carte type.

Le nombre des cartes étant ramené à quinze, placez-les par paires, comme dans les méthodes précédentes, laissant la carte du centre, qui est seule, pour la Surprise.

Enfin, reprenez les quinze cartes, faites-les battre et couper, et distribuez-les une par une, en cinq paquets de trois. Ils doivent être lus séparément : le tas de gauche est pour le consultant, le second pour la maison, le troisième pour ce qu'on attend, le quatrième pour ce qu'on n'attend pas et le cinquième pour la consolation.

Dans une autre méthode italienne, les cartes sont rangées par séries séparées, face dessus.

On bat d'abord le jeu de cartes, on le coupe en trois et, le paquet reformé, on commence en prenant la première carte du dessus. La couleur qui apparaît la première forme la rangée du haut, et ainsi de suite pour chacune des autres. Continuez jusqu'à ce que vous sortiez ou la carte type qui représente l'enquêteur, ou la carte du Désir qui est le Neuf de Cœur, ou la carte de la Désillusion qui est le Neuf de Pique. Vous posez cette carte dans sa rangée et vous abandonnez le reste du paquet. Votre lecture doit être guidée par l'apparence générale des cartes exposées et elle dépend très largement de votre expérience et de votre jugement. Vous devez noter soigneusement la dernière carte ajoutée, parce que si c'est le Neuf de Pique, tout le jeu en serait profondément affecté. L'ordre dans lequel les couleurs se sont présentées doit aussi vous guider. La première rangée, en partant du haut, est la plus puissante et aussi la plus proche du temps. La signification de chaque rangée doit être lue séparément.

LES VINGT ET UNE CARTES

Le paquet de trente-deux cartes battu et coupé de la main gauche, on prend alors les onze premières cartes à partir du dessus et on les met de côté. Des vingt et une cartes qui restent, on prend celle du dessus et on la place à part, face dessous.

On doit maintenant s'assurer que la carte type, représentant l'enquêteur, est bien parmi les vingt cartes qui restent en main ; sans quoi, il faut tout recommencer.

On distribue alors les cartes en trois tas, face dessous, et on demande à l'enquêteur d'en choisir un. On étale alors les tas, face dessus, l'un après l'autre, la première carte de chaque paquet étant placée à gauche.

On « lit » d'après le sens particulier donné par la Table.

Le paquet entier est de nouveau rassemblé, à l'exception de la carte de la Surprise, et l'on recommence trois fois de la même façon. Il faut toujours veiller à ce que la carte type soit parmi les vingt que l'on garde, une fois la carte du dessous ajoutée à la Surprise.

Les trois distributions et lectures représentent le passé immédiat, le présent et le futur immédiat. Prendre note chaque fois des cartes contenues dans chacun des trois tas choisis par l'enquêteur, et celles-ci, quel que soit leur nombre, sont reprises et divisées en trois groupes. L'un d'eux doit contenir les cartes qui ne sont apparues qu'une fois ; le second, celles qui sont apparues deux fois ; le troisième, les importantes cartes fatales, qui ont pu apparaître dans les trois.

On examine alors ces nouveaux groupes, en cherchant les paires, les triples ou quartes, et on donne la signification d'après la Table.

A la fin, on étudie les couleurs dans chacun des groupes qui représentent respectivement les affaires courantes, les événements importants et les événements graves. Mais il n'arrive pas souvent que la même carte reparaisse dans trois des paquets choisis.

Il reste la Surprise, qui représente l'inattendu. Dans ce cas également, paires et triples doivent être notées, ainsi que les couleurs les plus fréquentes.

C'est une méthode très complète de Divination par les cartes, mais elle prend parfois beaucoup de temps, puisqu'il faut recommencer jusqu'à ce que la carte type soit sortie. Il n'est pas nécessaire qu'elle soit dans le tas choisi par le consultant, mais il est indispensable qu'elle se trouve parmi les vingt cartes de chaque distribution. Il arrive d'ailleurs fréquemment qu'elle n'apparaisse dans aucun des trois tas choisis.

Il est évidemment très important que l'on ne voie pas les cartes de la Surprise avant la fin, mais il se peut que la carte type s'y trouve. Par conséquent, quand on a vérifié que la carte type n'était pas parmi les vingt qui restent en main, on devra examiner les cartes (onze, puis dix, puis neuf) restant après la première, la deuxième et la troisième préparation et qui ont été écartées, ainsi l'on sera sûr que la carte type est encore en jeu. Si la carte type est dans la Surprise, il ne faut pas aller plus loin, l'essai est sans espoir. Comme nous l'avons dit, il faut laisser passer neuf jours avant de consulter les cartes de nouveau.

Dans un essai, avec ce jeu, les cartes suivantes apparurent dans les trois tas choisis ;

Carreau. — Neuf et Valet, une fois ; Sept, Huit et As, deux fois.

Trèfle. — Huit et Neuf, une fois ; Sept et As, deux fois.

Pique. — Dix et As, une fois ; la Dame, trois fois.

Cœur. — Neuf et Roi, une fois.

Le Neuf de Cœur, la carte du Désir, est parmi les cartes choisies, mais il ne vient qu'une fois, cependant que la série des Cœurs est très pauvrement représentée par deux cartes.

Il y a donc très peu de chances de succès et la Dame de Pique semble dominer la situation. S'il y avait eu plus de Trèfles que de Carreaux, le pronostic aurait été meilleur ; mais les Carreaux ne viennent qu'en troisième position, et ils sont évidemment incapables de lutter contre les Piques.

Il y a trois As, mais l'un d'eux est celui de Pique, quoique, en contrepartie, les As de Trèfle et de Carreau apparaissent chacun deux fois, ce qui renforce beaucoup leur influence. Mais l'As de Pique, symbole de mort ou de désastre, est toujours une carte extrêmement sinistre et puissante. Son pouvoir, dans le cas particulier, est encore augmenté par la fréquence de la Dame de Pique (trois fois). Cela semble bien indiquer que les bonnes influences des As seront compromises par l'influence d'une femme très brune.

Cette action maléfique peut s'exercer hors de la vie du consultant et concerner une personne dont il dépend pécuniairement.

Les trois Neuf sont un bon signe, mais ils n'apparaissent qu'une fois chacun, montrant ainsi clairement qu'il ne faut attendre qu'une petite réussite au lieu de la grande promise par les As.

Deux Sept apparaissent deux fois, de même que deux Huit, ce qui confirme fortement le sens général de cette lecture et indique que la bonne fortune est passée tout près sans qu'on y fasse attention.

LE CARRÉ DE SEPT

Cette méthode date du XVIIe siècle, et on l'a plusieurs fois publiée au cours de ces dernières années. On a beaucoup loué sa précision et le caractère très original de son dessin. C'est une méthode excellente et très sûre, mais il faut faire très attention en construisant le carré nécessaire à l'expérience. Notre figure peut être copiée et utilisée.

Cette méthode demande le jeu complet de cinquante-deux cartes. Battues et coupées, l'enquêteur doit en choisir trois au hasard, et sans les regarder. On les place à part. Les quarante-neuf restantes sont rebattues, mais non coupées.

On commence à construire le carré de sept, les cartes face dessus, comme on peut le voir sur notre figure. Ainsi, la première carte est la première de la rangée du haut, mais la seconde est la seconde du deuxième rang, et ainsi de suite en diagonale jusqu'à la septième, dernière à droite du septième rang. Quand la première diagonale est terminée, les cartes qui restent sont de nouveau battues ; on prend six cartes une à une dans le dessous du paquet et on les pose sur la diagonale 8 à 13 de la figure en montant. On bat ce qui reste, on prend six cartes une à une sur le dessus du paquet et on les pose sur la diagonale 14 à 19, en descendant. On recommence de la même façon dessous en montant et dessus en descendant sur les diagonales qui restent.

Vous avez donc votre carré de sept complet, qu'il faut réduire de sept cartes à trois par rangée, les rangées se comptant de haut en bas.

Prenez la dernière carte à droite de la rangée du haut et posez-la sur la carte la plus proche de la même couleur, à sa gauche.

S'il y a d'autres cartes de la même couleur, vous les posez sur la dernière à gauche, la première enlevée à droite restant toujours dessus.

Mais, quelle que soit sa couleur, la dernière carte à gauche ne doit jamais être couverte.

Toutes les cartes couvertes ne servent plus à rien, seule compte celle qui les couvre. On peut les enlever si l'on veut, mais c'est inutile, cela ne fait aucune différence. Si la dernière carte, à droite de la rangée, n'a, dans cette rangée, aucune carte de sa couleur, il faut la laisser à sa place. Vous procédez de même pour la seconde carte de la rangée du

1	13	24	33	40	45	48
14	2	12	23	32	39	44
25	15	3	11	22	31	38
34	26	16	4	10	21	30
41	35	27	17	5	9	20
46	42	36	28	18	6	8
49	47	43	37	29	19	7

LE CARRÉ DE SEPT

haut, à partir de la droite, et réduisez les sept cartes, de façon qu'elles ne contiennent plus qu'une seule représentante de chaque couleur, sans jamais oublier cependant que la dernière carte à gauche ne doit jamais être couverte. C'est la carte maîtresse de la rangée.

Cette opération terminée, vous ne pouvez avoir plus de cinq cartes dans chaque rangée, chacune représentant une couleur, plus la carte maîtresse. Vous pouvez aussi n'avoir que deux cartes, si les cinq autres étaient de la même couleur, ce qui arrive très rarement.

Vous allez, maintenant, réduire la figure à sa forme définitive. Vous allez compter trois cartes dans chaque rangée, à partir de la carte maîtresse, et rejeter les deux autres. Vous ne gardez donc que les *deux* cartes à droite de la carte maîtresse.

Dans le cas, très rare, où toutes les cartes (la carte maîtresse exclue) auraient été d'une même couleur, vous n'en auriez évidemment plus que deux dans cette rangée particulière. Cela ne change rien et il n'y a pas lieu d'en tenir compte.

La figure primitive du carré de sept est donc réduite à sept rangées de trois cartes ; c'est ce que vous devez interpréter.

Notez, en premier lieu, s'il y a plus de cartes Rouges que de Noires, car l'aspect rouge est considéré comme favorable. Les Trèfles, cependant, sont la couleur la plus avantageuse, et s'ils constituent la majorité des cartes Noires, ils seront suffisants pour maintenir l'aspect rouge favorable, même s'il y a une légère majorité de noires.

On les tient aussi comme représentant l'intelligence et le jugement, de même que les Cœurs gouvernent les affections et les passions ; cependant que les Carreaux représentent l'argent et les succès extérieurs ; les Piques, les difficultés de toutes sortes.

Il faut, maintenant, lire les cartes par paires, en prenant la carte à droite et la carte au centre de la première rangée, en n'oubliant pas que la carte la plus proche de la carte maîtresse est la plus puissante des deux. Lisez, ensuite, ensemble, la carte maîtresse et la carte du centre.

Prenez garde que chaque rangée est tout à fait autonome et qu'aucune carte n'est influencée par une autre carte au-dessus ou au-dessous, mais seulement par la carte à sa gauche.

Il faut chercher avec soin toutes les cartes spéciales : celle qui représente le consultant ; le Valet de sa couleur qui représente ses pensées ; tous Rois, Dames ou Valets (les Valets représentant les jeunes gens) qui peuvent occuper la pensée du consultant. Il y a aussi la carte du Désir (Neuf de Cœur), la carte Tragique (l'As de Pique), la carte de l'Argent (Dix de Carreau) et la carte des Affaires (Dix de Trèfle). Notez la condition de chacune de ces cartes et apportez une attention spéciale à la signification des cartes qui les influencent. Elles sont toutes de la plus grande importance et ont le plus grand pouvoir si elles se trouvent dans la colonne maîtresse. Il est toujours regrettable, même si l'aspect général des cartes est favorable, que l'As ou le Neuf de Pique fassent partie des cartes maîtresses.

Il est recommandé, après avoir noté l'importance des couleurs de toute la figure, d'examiner les couleurs des cartes maîtresses elles-mêmes. Si elles ne contiennent pas de Pique, toutes les influences favorables dans l'aspect général des cartes en seront grandement fortifiées.

Cette méthode de Divination est plaisante et, sans aucun doute, la plus digne de confiance, à l'usage, pour guider la personne même qui l'interprète. On peut la simplifier, pour l'usage personnel, en étudiant seulement les couleurs de la figure finale ; les valeurs des cartes maîtresses et les valeurs des cartes qui influencent (c'est-à-dire les cartes de gauche), celles des cartes spéciales : carte type, du Désir, de la Déception, et ainsi de suite.

Chapitre IX

LES TAROTS DIVINATOIRES

Après avoir essayé les méthodes variées de « tirer » les cartes avec les jeux ordinaires, beaucoup de personnes auront envie d'essayer aussi les anciens Tarots, car ils sont à l'origine de la Cartomancie.

Nous avons déjà expliqué qu'ils contiennent soixante-dix-huit lames et nous avons suggéré qu'il serait facile de s'en fabriquer soi-même.

Le jeu de Tarots se compose de deux parts inégales ; il y a quatre séries, contenant quatorze lames chacune, et cette partie du jeu est connue sous le nom d'Arcane Mineur ou de Petit Arcane. En outre, il y a vingt-deux autres lames individuelles sans séries ou séquences, représentant l'Arcane Majeur ou le Grand Arcane, qui n'ont jamais servi pour autre chose que la Divination.

L'Arcane majeur comprend vingt-deux lames numérotées et une sans numéro. Pour la pratique ordinaire, cette série de nombres simples peut être suffisante. Si l'on s'en procure un jeu, les cartes seront probablement numérotées, sans parler des dessins spéciaux qui les couvrent.

Il est curieux de noter que l'alphabet hébreu contient vingt-deux lettres. On prétend qu'il y a relation entre ces deux nombres identiques. Cependant, la présence d'une carte non numérotée fait naître une difficulté : doit-elle se placer avant le Un ou après le Vingt et un ?

Les vingt et une cartes numérotées constituent naturellement trois groupes de sept cartes chacun. On les donne comme représentant les groupes moraux, intellectuels ou matériels, la carte non numérotée étant réservée à la Divination.

Mais les Tarots sont extrêmement anciens et ont probablement changé et évolué bien des fois avant le temps où nous avons sur eux des références historiques. Il paraît certain qu'à l'origine, il n'y avait pas de limite aux nombres de groupes d'objets employés pour la Divination. Ce devaient être des objets réels rassemblés par l'interprète, et non des emblèmes comme ceux que l'on utilise actuellement. Des pierres, des grains, des os, tout ce qui pouvait se conserver et qui servait de support aux Voyants des temps reculés.

Mais notre propos est seulement de nous occuper des emblèmes qui constituent les Tarots.

La première lame numérotée est connue sous le nom de Magicien, ou Jongleur, ou Bateleur. Son sens le plus ancien concerne évidemment la Magie, et non le Jonglage. Le Magicien représentait le pouvoir de guérison et de création sur la maladie, la douleur ; il représentait aussi la confiance en soi, la puissance de la volonté, l'habileté, etc. N'oublions pas qu'un renversement de la figure du haut en bas change sa signification.

La seconde lame est connue sous le vocable de Grande Prêtresse ou Papesse. Nous savons que dans beaucoup de cultes anciens, un certain nombre de femmes exerçaient le Sacerdoce. Cette carte représente le secret, le mystère, la science, la connaissance, le Futur inconnu.

La lame n° 1 est souvent utilisée pour représenter le consultant, si c'est un homme, et la lame n° 2 est réservée aux femmes. Si la consultant est un homme, le n° 2 représente la femme à laquelle il s'intéresse ; et inversement, pour une femme, le n° 1 représente l'homme de ses pensées.

La troisième lame représente la Femme, et la quatrième l'Homme. Elles sont connues sous les noms d'Impératrice et d'Empereur. La Femme représente la fécondité, c'est-à-dire l'action dans ses multiples formes. L'Homme représente la stabilité, la force, la protection, l'autorité et, assez curieuse-

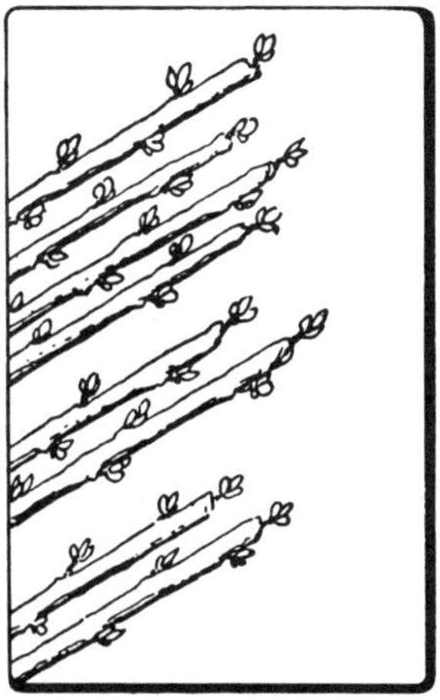

HUIT DE BATONS (Trèfles).

DIX DE COUPES (Cœurs).

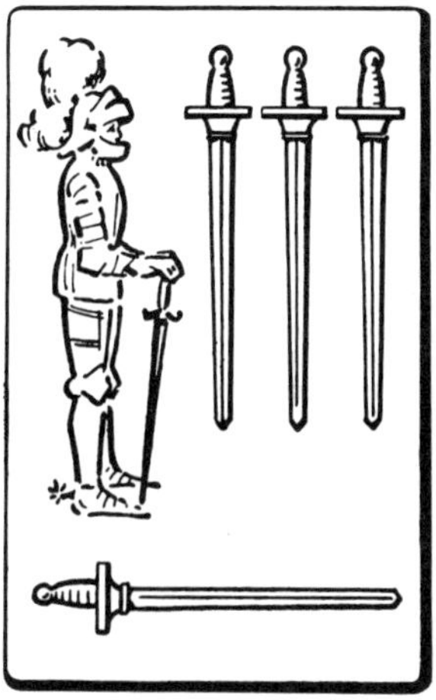

QUATRE D'ÉPÉES (Piques).

AS DE DENIERS (Carreaux).

ment, si la lame est renversée, elle signifie bienveillance et compassion, suggérant ainsi que la force brutale était une des premières significations de cette lame.

La cinquième est connue sous le nom de Pape et le dessin original a disparu au cours des âges. Cela veut dire mariage ou servitude et, d'après quelques auteurs, l'homme qui gardera l'amour de la consultante. Renversée : elle ne présage rien de mauvais, mais semble représenter les relations mondaines éphémères.

La sixième, l'Amoureux, représente les affaires de cœur ou de la maison. Renversée : c'est un amour malheureux ou des ennuis sentimentaux après le mariage.

La septième est le Chariot : assistance, aide, triomphe sur les difficultés ou les ennuis. Dans une combinaison peu favorable, elle peut indiquer tourments, vengeance, etc. Renversée : défaite et querelle.

Il est intéressant de noter que les lames s'harmonisent entre elles au troisième degré, ainsi la première et la quatrième lame sont mâles, la seconde et la cinquième sont sacerdotales. La septième est en sympathie avec la première et la quatrième.

Voyons, maintenant, le second groupe de sept lames.

La lame n° 8 est réservée à la Justice ; elle signifie le triomphe du droit.

Le 9 est connu sous le nom de l'Hermite : prudence et sagesse. Mais si les autres lames ne sont pas favorables, cela peut signifier fourberie et mensonge. Renversée, elle indique de la réserve, de la peur et de la circonspection sans motif.

Le 10 : la Roue de la Fortune est le signe de la Destinée. Si cette lame sort, la prédiction concernera un événement proche et, de quelque manière qu'aillent les choses, le résultat sera final et fatal. Si elle est renversée, elle indique des réalisations excessives, une abondance superflue.

Le 11 : la Force. C'est généralement une carte de réussite et de succès. Elle signifie énergie et action. Renversée, elle n'est pas obligatoirement l'échec, mais elle peut indiquer l'abus de pouvoir.

La douzième lame est très curieuse, on la connaît sous le nom du Pendu. Pour une raison inconnue, l'homme est pendu par un pied, et il n'a pas l'air le moins du monde de souffrir. Ce n'est pas une punition, puisque la lame indique sagesse, intuition, sacrifice. Renversée, elle représente l'égoïsme, l'avidité. Aussi devons-nous supposer que la « Pendaison » signifie le sacrifice de soi.

La treizième représente la Mort, bien que sa signification habituelle soit seulement : perte. Renversée, c'est un signe redoutable. La gravure de la lame montre un squelette complet, très proche des figures symboliques du Temps.

La dernière lame de cette seconde série de sept est la Tempérance, vertu morale et physique. Elle représente l'économie, la bonne gestion, etc. Renversée, c'est une invitation importante ; elle montre des intérêts divisés.

On remarquera, de nouveau, le lien qui existe entre les couples, de trois en trois : Huit et Onze, souvent intervertis ; Neuf et Douze, signes de Prudence ; Dix et Treize, les proches relations de la Destinée et de la Mort, qui conduisent à une Fin.

La quatorzième lame, Tempérance ou Modération, s'accorde avec les tendances du Huit et du Onze.

Le troisième et dernier groupe de sept cartes est réellement occulte. Il est très important et représente la force ou l'influence des choses au-delà de notre contrôle personnel. Il débute avec le nombre Quinze : le Diable. La Force du Mal est généralement représentée en liaison avec un homme et une femme nus qui représentent l'Humanité. Cette image a, ainsi, l'intention de nous montrer notre impuissance à nous débarrasser des influences invisibles qui nous entourent. Il s'agit dans certains cas d'une incapacité physique. D'autre part, la puissante influence en question n'est pas forcément mauvaise, mais, de toute façon, nous ne pouvons lui résister. La vieille superstition qui veut que chacun de nous ait un bon génie derrière l'épaule droite et un mauvais derrière l'épaule gauche s'est perpétuée jusqu'à nos jours. Dans sa position normale, cette lame fatale peut indiquer le Bien ou le Mal, mais, renversée, elle est irrémédiablement mauvais signe.

La seizième lame montre la force considérable des pouvoirs occultes qui contrôlent nos destinées : c'est la Maison-Dieu, bâtisse frappée et démolie par la Foudre. Elle signifie : misère, adversité, disgrâce, ruine, calamités imprévues indiquées par la Foudre. Renversée, elle perd beaucoup de sa malignité, bien que, si elle est accompagnée de mauvaises cartes, elle puisse annoncer un emprisonnement.

La lame suivante est l'Étoile : une femme nue. C'est le

n° 17 ; il représente l'espérance. Mais, renversée, ce ne sont que calamités : perte, vol, privation quelconque.

La dix-huitième lame montre la Pleine Lune regardant un chemin abandonné, qui semble ne mener nulle part. Cela représente les dangers *cachés*, déceptions, erreurs de jugement, etc. Renversée, la déception vient de vous-même ; le consultant aura des ennuis et des difficultés par sa faute. Ce n'est pas une carte plaisante pour la personne qui interprète et il faut faire attention aux termes employés. En pareil cas, il vaut mieux suggérer et ne rien assurer de définitif.

La dix-neuvième lame : le Soleil, auquel sont associés les enfants nus, représente le bonheur dans le mariage, ou tout au moins le bien-être domestique matériel suivant l'entourage. Renversée, il y a diminution, mais non suppression.

La vingtième lame est, elle aussi, une image fatale, un peu dans le genre de la quinzième, bien que n'ayant pas le lien de sympathie des trois par trois. Mais ce lien de sympathie ne s'applique d'ailleurs pas aux sept lames finales, qui sont toutes de caractère individuel et occulte. La vingtième lame, donc, représente ce qu'on appelle « le Jugement Dernier » sous la forme familière à l'Occident : un Ange, au-dessous de qui les tombes s'ouvrent et les morts se lèvent. C'est, en fait, un changement de situation et, renversée, la perte d'une situation. Ce changement, si la lame est en position normale, peut être pour le mieux ou pour le pire ; c'est là qu'on voit sa ressemblance avec la quinzième lame.

La vingt et unième et dernière lame de la troisième série est le Monde, non pas notre monde particulier, mais le véritable Univers, le Création tout entière, réalisée ou à venir. Cela signifie un succès grand et continu, mais, renversée, l'incapacité à s'élever au-dessus de sa condition présente. En plus de ces trois séries de sept lames, il y a toujours, en extra, sans numéro, comme de nos jours, le Fou ou Mat. Il représente l'exagération en tout. Renversé, c'est la négligence totale du devoir, la veulerie, la vanité.

L'Arcane mineur consiste en quatre séries de quatorze lames chacune. Il ne représente pas tout à fait les idées qu'on lui attribue aujourd'hui. Comme apprendre par cœur une autre série de significations représente un travail inutile, nous suggérons d'écrire celles-ci sur les cartes, à titre de guide. Les significations sont données dans la table suivante.

Coupes ou Cœurs :

Roi. — Il peut représenter un homme blond comme dans le jeu de cartes ordinaire, mais en général il indique la bonté, la générosité de cœur. Renversé : suspicion et manque de confiance.

Dame. — Femme blonde, mais aussi succès et bonheur. Renversée : intervention, dans votre vie, d'une femme sans intérêt.

Chevalier. — Cette carte de Cour n'apparaît pas dans le jeu moderne. Elle représente la confiance ou la confidence. Renversée : ruse et fourberie.

Valet. — Quelqu'un de jeune, garçon ou fille, si on l'utilise comme être humain. Autrement, il indique l'honnêteté d'intention, la franchise. Renversé : déception. En fait, sa signification est très proche de celle du Chevalier.

Dix. — Le pays où vit le consultant ; cela peut être sa maison elle-même. En outre, la position et la réputation locales du consultant. Renversé : opposition et disputes d'un caractère local, peut-être dans la maison.

Neuf. — Succès ou avantage, c'est toujours un présage de réussite. Renversé : erreurs commises par le consultant qui met son succès en péril, mais l'insuccès n'est pas obligatoire.

Huit. — Amitié, affection. Renversé : la signification est encore bonne, mais indique des liens d'amusement et de plaisir au lieu d'affection. La signification heureuse s'adresse au physique et aux conditions matérielles, au lieu de concerner le *cœur*.

Sept. — Projet en vue. La signification ne change pas s'il est renversé.

Six. — Se réfère au Passé dans sa position normale. Renversé : indique le Futur immédiat.

Cinq. — Mariage ou une cérémonie importante. Renversé : une arrivée, des nouvelles, une surprise.

Quatre. — Mécontentement ou déplaisir. Renversé : une nouvelle relation.

Trois. — Succès, aboutissement favorable. Renversé : résultat rapide, mais pas nécessairement un succès.

Deux. — Amour, affection. Renversé : obstacles à cette affection suscités, peut-être, par la personne aimée.

Un ou As. — Compagnie, réunion d'amis. Renversé : changement, pas nécessairement bon ou mauvais, mais changement.

On remarquera que la série des Cœurs est presque entièrement facteur de réussite dans sa position normale. La position renversée indique, dans l'ensemble, des retards, plutôt que l'insuccès. Un des plus anciens dessins qu'utilisait cette série était le Gland, représentant la Réussite de l'Agriculture, d'importance capitale dans la vie antique. La Coupe, qui le remplaça dans sa forme moderne, est aussi un signe de réussite matérielle ou de situation sociale. Le Cœur propre à l'Occident n'est qu'une mauvaise adaptation de la Coupe, du même que la Coupe était déjà une stylisation du Gland, mal faite.

Bâtons ou Trèfles :

Roi. — Homme brun, s'il s'agit d'une personne. Par ailleurs : succès. Renversé : danger menaçant.

Dame. — Femme brune. Générosité. Renversée : femme soupçonneuse, manque de confiance, ou menaces de mal.

Chevalier. — Bon ami ou bonne gestion, ordre, économie. Renversé : ennuis à cause du désordre d'un ami, risques d'ennuis graves provoqués sans mauvaise intention.

Valet. — Ordre, bonne gestion. Renversé : gaspillage, insouciance.

Dix. — Maison, résidence ; famille du consultant, s'il est marié. Renversé : pertes ou spéculations comportant des risques.

Neuf. — Honnêteté ou discrétion. Renversé : tromperie ou trahison.

Huit. — Jeune fille brune. Beauté, innocence. Renversé : fourberie d'une femme.

Sept. — En général, affaires d'argent. Héritage. Renversé : anxiété ou souci à propos d'argent.

Six. — Cadeaux. Renversé : grand désir irréalisable.

Cinq. — Amour ou affection. Renversé : l'interprétation demande beaucoup de discrétion, il peut s'agir d'un amour honnête et malheureux, mais le plus souvent d'une passion coupable, comme dans le cas d'une femme mariée.

Quatre. — Plaisir ou amusement mondain. Renversé : obstacles.

Trois. — Dignité ou situation sociale. Renversé : concerne

les enfants du consultant ou le début d'une entreprise susceptible d'améliorer la position du consultant.

Deux. — Soucis et difficultés. Renversé : message qui peut être bon, mauvais ou indifférent.

Un. — Satisfaction. Renversé : argent ou secours.

On remarquera que les Bâtons ou Trèfles forment normalement une bonne série, mais que les positions renversées ne sont pas en général aussi bonnes que dans le cas des Coupes ou Cœurs. Il faut prendre grand soin de noter les cartes renversées et il serait préférable d'établir la proportion entre les cartes normales et les renversées dans toutes les séries, sauf celle des Cœurs. S'il y a plus de cartes renversées que d'autres, il faut se rendre compte de l'accumulation de ces renversements et les étudier spécialement.

Les Deniers ou Carreaux forment également une série de réussite convenable, assez parente des Trèfles dans leur signification générale, mais plus terre à terre. Les Trèfles représentent l'Intelligence. Les Deniers sont figurés par des pièces d'argent rondes ou grossièment équarries. C'est de là que vient le symbole des Carreaux. Très anciennement, ce symbole était le Pentacle, que l'on peut décrire comme une figure géométrique à cinq angles enclose dans un cercle.

Deniers ou Carreaux :

Roi. — Homme vivant à la campagne. Il faut remarquer que, dans les Tarots, le Roi de Cœur représente les personnages au teint et aux cheveux clairs, alors que dans le jeu de cartes habituel, nous utilisons les deux Rois rouges, le Roi de Carreau étant plus foncé que le Cœur, qui est tout à fait blond clair. Autre signification : connaissance, savoir. Renversé : conseils bons ou mauvais, ou encore : personne au comportement correct qui peut être adouci par la bonté.

Dame. — Femme vivant à la campagne ; ou amour de l'argent ou un grand désir d'argent. Renversée : opposition ou difficultés dans des tractations d'argent.

Chevalier. — Départ, déplacement ou séparation. Renversé : ces événements peuvent se produire à la suite d'une querelle. La séparation ou le départ peuvent être à l'avantage du consultant, même si la carte est renversée.

Valet. — Étranger amical ou bonnes nouvelles. Renversé : mauvaises nouvelles ou tracas.

Dix. — Confiance ou honnêteté. Renversé : trahison ou tromperie.

Neuf. — Intelligence, observation, bonne gestion. Renversé : obstacles ou difficultés ; certain retard, mais pas forcément néfaste.

Huit. — Paix ou ordre. Renversé : querelles.

Sept. — Succès ou démarche amenant avantage et profit. Renversé : hésitation et anxiété, mais n'occasionnant pas forcément des déboires.

Six. — Espoir, désir ou vœu du consultant, matériel ou moral. Renversé : trahison, ou infidélité si cela concerne une affection.

Cinq. — Argent, gain ou héritage. Renversé : ennuis, difficultés d'argent ; procès, pas forcément perdu, mais sans bénéfices.

Quatre. — Compagnie, société, plaisir. Renversé : conserve sa signification normale, ce qui semble illogique et peu probable. Nous suggérons que le renversement indique, pour le consultant, que l'amour du monde lui fait négliger des affaires plus importantes.

Trois. — Entreprise. Renversé : désir ou essai d'entreprise, peut-être encore possibilité de se dégager d'une entreprise où la réussite semble peu probable.

Deux. — Argent. Renversé : surprise, événement inattendu et surprenant.

Un. — Commencement de quelque chose. Renversé : cruauté et infortune.

Dans l'ensemble, les Deniers ou Carreaux sont une série d'assez bonne réussite, mais leur influence est beaucoup plus confuse et vague que dans les Coupes ou Cœurs. Personnellement, nous préférons les Bâtons ou Trèfles, suggérant pour le consultant la possibilité de surmonter les difficultés, alors que les Deniers semblent indiquer l'incapacité d'utiliser, au maximum, nos espérances et nos avantages.

Les résultats ultimes peuvent être et sont souvent assez semblables ; cependant, l'effort indiqué par les Bâtons est en faveur du caractère du consultant. Il a des chances d'obtenir le succès à la fin.

La quatrième série : les Épées ou Piques, est celle du mauvais sort.

Épées ou Piques :

Roi. — Quelqu'un qui a de l'autorité ou la puissance nécessaire pour affecter le consultant. Renversé : cause de tourments et de peine.

Dame. — Perte, absence ou séparation. Renversée : mauvaise femme ou femme de mauvaise influence sur la vie du consultant. Peut être aussi une combinaison déplaisante obtenant un succès partiel, mais accompagné de soucis.

Chevalier. — Capacité. Renversé : absurdité et suffisance.

Valet. — Traîtrise. Renversé : le tourment viendra d'une cause inattendue.

Dix. — Chagrin et larmes. Renversé : succès passager effacé presque tout de suite.

Neuf. — Bonne foi. Renversé : soupçon et doute.

Huit. — Maladie ou blâme. Renversé : accident ou événement surprenant.

Sept. — Espoir et confiance. Sans changement s'il est renversé.

Six. — Voyage ou messager. Quelqu'un qui revient de voyage. Renversé : surprise.

Cinq. — Difficultés, pertes, tristesse, deuil. Sans changement s'il est renversé.

Quatre. — Solitude. Renversé : solitude complète ; cela peut vouloir dire aussi : économies nécessaires après une perte.

Trois. — Séparation ou querelle. Renversé : le consultant est le responsable.

Deux. — Amitié. Renversé : mensonge et tromperie.

Un. — Prospérité. Renversé : affaire de cœur malheureuse.

Donnons maintenant quelques méthodes de lecture avec le jeu complet de Tarots. Mais comme c'est un vieux système de Divination, il n'y en a qu'un nombre limité, contrairement à ce que nous voyons avec le jeu de cartes moderne.

En premier lieu, le consultant doit savoir d'avance, avec certitude, s'il ne demande qu'une réponse à une question ou s'il préfère une étude générale concernant tout ce qui le touche. La personne qui interprète a besoin d'être fixée sur ces points précis. Il ne faut pas oublier que, dans les Tarots, l'As est seulement le Un ; que les quatre autres lames de Cour sont beaucoup plus puissantes que les lames ordinaires ; que les cinq plus fortes lames ordinaires sont plus puissantes que les cinq dernières, bien que celles-ci comprennent l'As.

Une simple question peut trouver sa réponse d'après le caractère général des lames exposées, suivant une quelconque des méthodes utilisées. Vous compterez les diverses séries et notamment les valeurs des lames de chacune d'elles. C'est une excellente préparation avant de commencer une lecture générale, car cela donne des bases fermes sur lesquelles on peut s'appuyer. Beaucoup de points vagues peuvent alors être éclaircis, parce que vous savez, dans l'ensemble, si le Futur immédiat sera favorable ou non.

La méthode la plus simple d'utiliser les Tarots est celle de M. Etteila. Le jeu complet de soixante-dix-huit lames doit être battu par le consultant, qui fait ensuite trois paquets de ving-six lames chacun. La personne qui interprète place à droite le paquet du centre. Le consultant reprend les deux autres paquets qui comptent cinquante-deux lames, et les partage en trois paquets de dix-sept chacun. Il reste une lame qu'on mélangera au reste par la suite.

L'interprète prend le paquet du centre et le place à côté du premier paquet (de vingt-six lames) déjà réservé.

Une troisième fois, le consultant reprend les lames restantes, y compris la lame seule, et compte trois paquets de onze cartes chacun. Il reste deux lames, qui seront jointes au paquet principal, après que sera retiré le paquet du centre des derniers trois paquets.

L'interprète prend alors le premier paquet (vingt-six lames) et place chaque lame face dessus, en ligne droite, de droite à gauche.

Il prend de même le second paquet (dix-sept lames) et le place sous la première ligne, en commençant à gauche. Le paquet final est placé de la même façon sous la seconde ligne.

La lecture est faite d'après la fréquence des séries et des valeurs dans chaque ligne et la signification particulière de chaque lame.

La ligne du bas contrôle les affaires matérielles ou physiques du consultant. Celle du milieu gouverne sa vie intellectuelle, ses amitiés et ses affections, ses espoirs, etc. La ligne du haut représente les influences invisibles qui s'exercent sur sa vie.

Une autre méthode, où l'on dispose de lignes assez

semblables, se présente ainsi : le consultant tire une carte qui le représente ; elle est placée face dessus. Puis il bat le jeu à fond. L'interprète distribue les lames en rangées de sept, de droite à gauche.

Mais les lames ne doivent *pas* être données en séquence : la première doit être celle du dessus du paquet après qu'il a été battu ; la seconde doit être la *septième après* la première, c'est-à-dire la huitième du paquet entier. Elle est placée à gauche de la première. C'est donc la seconde de la première rangée de sept. Continuez, alors, de sept en sept jusqu'à ce que vous ayez votre rangée de sept. Puis vous constituerez de même la seconde rangée, et ensuite les autres.

Pour éviter la confusion, placez chaque lame non utilisée dessous le paquet.

La lecture se fait comme dans la première méthode.

Une troisième méthode est connue sous le nom de Grande Figure du Destin. Comme elle est assez compliquée, la figure ci-dessous permettra de construire le jeu.

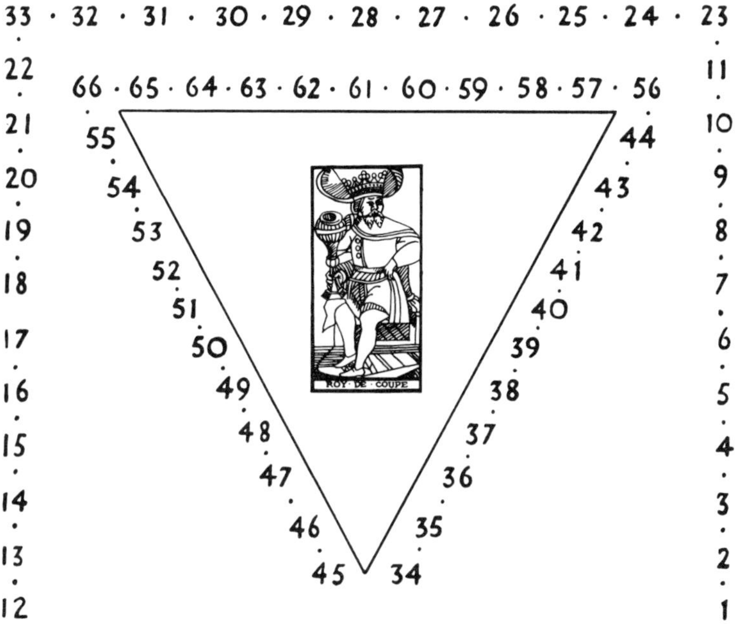

LA GRANDE FIGURE DU DESTIN

Le consultant doit choisir une lame pour le représenter, et on la place au centre. Le paquet battu, l'interprète place les lames en suivant les nombres indiqués dans la figure. La première du dessus du paquet est 1, la suivante 2, et ainsi de suite ; vous verrez facilement que la figure forme un triangle entouré par trois côtés d'un carré.

Quelquefois, on dispose les lignes en cercles ou en formes variées et fantastiques, mais la méthode que nous indiquons est la plus simple. Dans tous les cas, quel que soit le dessin employé, la lecture est la même ; il n'y a donc aucun avantage à construire une figure compliquée, sauf si vous désirez mystifier le consultant.

La méthode de Divination admet que les onze lames à droite du carré et le côté du triangle à droite (de trente-quatre à cinquante-six) représentent le Passé ; la rangée en haut du carré et celle correspondante du triangle (de cinquante-six à soixante-cinq) montrent le Présent ; les onze cartes à gauche du carré (trente-trois à douze) et du triangle (cinquante-cinq à quarante-cinq) indiquent le Futur.

La Divination s'opère par des combinaisons de trois cartes, parmi lesquelles la carte représentant le consultant, et placée dans le centre du triangle, compte toujours pour une. Pour lui donner son sens, on la combine avec 1 et 34, pour le Passé ; avec 2 et 35 pour le Présent ; et ainsi de suite par couple, pour le Passé, le Présent et le Futur.

Une autre méthode, simple, consiste à faire battre le paquet et à constituer une rangée de dix-sept lames à la suite, en commençant avec celle du dessus. La neuvième lame représente le centre exact, de droite à gauche. On lit par trois, comme dans la Grande Figure. Mais ici, la carte du centre représente le consultant, et vous formez les paires avec les extrémités. Ainsi, vous lisez ensemble les cartes 1, 9, 17, pour le Présent immédiat ou pour quelque événement passé, que le consultant peut considérer comme point de départ : par exemple, arrangement d'affaires récent, proposition de mariage, etc.

Vous lisez 2, 9, 16 ensemble, pour arriver un peu plus avant ; 3, 9, 15, plus loin encore et ainsi de suite sur toute la rangée. Cette méthode est rapide et on la considère comme très efficace lorsque des pronostics simples et directs vous sont demandés.

En conclusion, nous attirons spécialement l'attention sur les lames renversées, de grande importance dans la Divination par les Tarots. Après une première lecture, il est évident que les lames renversées resteront renversées. Pour parer à cet inconvénient, certains cartomanciens arrangent soigneusement le paquet et placent toutes les lames correctement, avant de le donner au consultant. Après que le paquet a été battu, le consultant est prié de tirer un certain nombre de lames, et de les renverser sans les retirer de leur place dans le paquet. On peut opérer ainsi pour un petit groupe de quelques lames, ou davantage, ou avec des lames individuelles exactement, au gré du consultant. Mais celui-ci doit renverser au moins un tiers du paquet. Lorsque c'est fait, le paquet est battu de nouveau, avant que l'on ne commence à poser les cartes.

TABLE DES MATIÈRES

TABLE DES ILLUSTRATIONS

Flammarion et Cie Éditeur : N° FT013907
Imprimé en France par Pollina, 85400 Luçon - n° 71832
Mars 1997
Dépôt légal : mai 1986